质量工程技术体系与内涵

赵 宇 何益海 戴 伟 编著

国防工业出版社

·北京·

内 容 简 介

　　广义的产品质量工程技术包括产品的全特性、全系统、全过程,本书着重阐述广义质量工程技术体系的框架及内涵。首先明确了质量管理的系统化、质量技术系统、质量工程技术的基本概念;然后介绍了质量工程技术体系的构建原则、框架、分类及内涵;接着阐述了质量管理技术、质量形成技术、质量检测技术等质量工程技术体系的主要构成技术;最后简述了质量工程技术体系发展与应用。

　　本书的主要使用对象是质量与可靠性工程专业的研究人员、工程管理与应用人员,各类设计与生产技术人员也可参考。

图书在版编目(CIP)数据

质量工程技术体系与内涵/赵宇,何益海,戴伟编
著.—北京:国防工业出版社,2017.5
ISBN 978-7-118-11178-1

Ⅰ.①质…　Ⅱ.①赵…　②何…　③戴…　Ⅲ.①质量管
理　Ⅳ.①F273.2

中国版本图书馆 CIP 数据核字(2017)第 143021 号

※

国防工业出版社 出版发行
(北京市海淀区紫竹院南路23号　邮政编码100048)
三河市众誉天成印务有限公司印刷
新华书店经售

*

开本 710×1000　1/16　印张 10¾　字数 186 千字
2017 年 5 月第 1 版第 1 次印刷　印数 1—2500 册　定价 48.00 元

(本书如有印装错误,我社负责调换)

国防书店:(010)88540777　　　发行邮购:(010)88540776
发行传真:(010)88540755　　　发行业务:(010)88540717

前　言

2016 年 4 月 6 日,国务院总理李克强主持召开国务院常务会议,审议通过了《装备制造业标准化和质量提升规划》,强调了质量是 2015 年 5 月 8 日国务院正式印发的《中国制造 2025》核心,引领中国制造升级。《装备制造业标准化和质量提升规划》主要包括如下四方面内容:一是提升装备制造业标准化和质量创新能力;二是实施工业基础、智能制造、绿色制造三大标准化和质量提升工程;三是围绕新一代信息技术、高档数控机床和机器人、航空航天装备、海洋工程装备及高技术船舶、先进轨道交通装备、节能与新能源汽车、电力装备、农业装备、新材料、高性能医疗器械 10 大重点领域,提出标准化和质量提升要求;四是加快推进装备制造业标准国际化,开展制造业领域标准化比对分析、外文翻译、标准互认,推动中国装备、技术、产品、服务走出去。上述质量提升需求和工程的落实,完备的质量工程技术体系是前提。

2012 年 2 月 6 日,国务院印发《质量发展纲要(2011—2020 年)》,第三部分"强化企业质量主体作用"的第(二)条中明确指出:"大力推广先进技术手段和现代质量管理理念方法,广泛开展质量改进、质量攻关、质量比对、质量风险分析、质量成本控制、质量管理小组等活动";第七部分"夯实质量发展基础"的第(一)条中也明确规定:"要探索建立具有中国特色的质量管理理论、方法和技术体系,加大质量科技成果转化应用力度"。那么哪些是企业能用的质量工程技术,质量工程技术体系是什么,上述问题的回答是在技术层面落实《质量发展纲要(2011—2020 年)》要求的前提。

2010 年 11 月颁布的《武器装备质量管理条例》第八条中明确规定:"国家鼓励采用先进的科学技术和管理方法提高武器装备质量",第十一条中明确指出装备性能指标即质量特性包括:功能特性、可靠性、维修性、保障性、测试性和安全性等全特性。在装备全特性、全过程、全系统的新的质量观要求下,都有哪些质量工程技术可以为承研承制单位所用,这是贯彻落实《武器装备质量管理条例》规定必须解决的问题。

一般认为,广义的质量工程技术包括质量、可靠性与检测试验技术,本书侧重于按照系统工程的思想,基于现代科学技术三层框架理论,对质量工程技术体系的概念、构成与发展进行详细阐述,在突出技术特色的同时,力求内容的系统性与先进性。本书由 6 章组成:第 1 章介绍质量工程技术基本概念;第 2 章介绍质量工程技术体系;第3章、第4章、第5章分别介绍质量管理技术、质量形成技术、质量检测技术等质量工程技术体系主要构成技术;第6章介绍质量工程技术体系发展与应用。

本书编写工作得到国防技术基础课题"面向型号全特性全过程质量管理的质量工程技术系统与框架研究"和"综合质量评价指标体系与评价方法研究"的资助,在此表示感谢。

本书由赵宇教授、何益海副教授与戴伟博士编写,赵宇教授负责第1章的编写,何益海副教授负责第2、4、6章的编写,戴伟博士负责第3和第5章的编写,全书由赵宇教授统编。在本书编写过程中还得到康锐教授的指导、常文兵副教授的帮助。在正式出版前,出版社组织了屠庆慈教授和李建军研究员二位专家对书稿进行了审阅,在此一并表示衷心感谢。

本书在编写过程中,参考了大量国内外有关著作、论文与报告,已极尽可能在参考文献中列出,在此谨向所有作者表示衷心感谢。若有遗漏,特此致歉。

质量工程技术内涵十分丰富,由于本书的出发点是国防技术基础的体系需求,并着重关注了型号工程的应用实践。为此,在如何构建质量工程技术体系框架,如何把握内容取舍方面,难免有疏漏,还请国内外学者给予批评指正。

编者
2017 年 5 月

目　录

第1章 概　述

本章要点:从质量管理模式的系统化发展趋势,分析了质量技术活动系统化发展需求,进而提出质量技术系统的概念与内涵,通过对质量工程实践活动的系统化分析,提出要求有体系化的质量工程技术的支撑,即明确了质量工程技术体系化需求。

1.1　基本概念

1.1.1　质量

常用的质量(Quality)定义是"一组固有特性满足要求的程度"(GB/T 19000—2008)。在该定义中没有对质量的载体做出界定,是为了说明质量存在于各个领域和任何事物之中。在工业领域,尤其在装备研发领域,质量的载体主要是指产品和过程。产品是一个非限定性的术语,用来泛指任何元器件、零部件、组件、设备、分系统或系统,它可以指硬件、软件或两者的结合。产品质量是指反映产品满足明确的和隐含需要的能力的特性总和。需要指出的是,不同领域、不同类型的产品,其质量内涵的构成是不同的,因此要根据具体产品的实际情况,选择和定义其质量内涵。

产品是过程的结果与输出(GB/T 19000—2008),其质量是由过程形成的,过程是由一系列子过程(活动)组成,包括产品寿命周期各个过程,如规划过程、设计过程、制造过程、使用过程、服务过程、报废处理过程等。如图 1-1 所示是过程的一般图解模型。过程是一组将输入转化为输出的相互关联或相互作用的活动。其中,输入包括用户的需求和资源。资源可包括人员、资金、设备、设施、技术和方法。因此要提高产品质量必须保证形成产品质量的所有过程的质量。

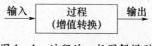

图 1-1　过程的一般图解模型

在质量定义中,满足要求包括两个方面的含义,第一就是满足在标准、规范、图样、技术要求和其他文件中已经明确规定的要求;第二就是满足用户和社会公认的、不言而喻的、不必明确的惯例和习惯要求或必须履行的法律法规的要求。只有全面满足这些要求才能称为质量好。需要指出的是,要求是动态的、发展的和相对的。因此应当定期进行审查,按照要求的变化相应地改变产品和过程的质量,才能确保持续满足用户和社会的要求。

在质量定义中,固有特性是通过过程形成的产品的属性,反映了满足要求的能力。固有特性是通过要求转化而来的(如应用质量功能展开(QFD)技术)。产品(包括不同的产品类型,如软件、硬件)和过程具有不同的质量特性,每一质量特性都有其度量与评价方法。如产品的性能和可靠性、过程的时间性等均具有各自的度量和评价方法。这些属性的度量和评价方法应当是定量的,对于没法直接定量化的属性可以通过定性的技术途径得到定量的结果。

1.1.2 质量特性

特性是可区分的特征,在质量定义中"一组固有特性"既可以对应产品,也可以对应过程。一般来说,产品的质量特性比较容易定义和度量,那么常见的产品质量特性主要包括了哪些呢?下面以武器装备为例来说明质量特性的内涵。

武器装备的质量特性可以划分为专用质量特性和通用质量特性两个方面(《武器装备质量管理条例》,2011)。专用质量特性反映了不同武器装备类别和自身特点的个性特征。例如对于军用飞机而言其专用质量特性一般包含飞行速度、飞行高度、加速度、作战半径、最大航程、载重量等。表1-1给出了几类典型武器装备的专用质量特性的示例。

表1-1 典型武器装备的专用质量特性

序号	装备类型	主要专用质量特性
1	火炮	口径、射程、射击精度、射速、配备弹种
2	军用飞机	飞行速度、飞行高度、加速度、作战半径、最大航程、载重量
3	坦克装甲车辆	战斗全重、发动机马力、火力性能、速度、越野能力、最大行程、装甲防护能力
4	水面舰艇	吨位、排水量、续航力、自持力、速度、抗沉性
5	地面雷达	抗干扰能力、射频频率
6	制导武器	射程、精度、威力、抗干扰性、控制方式

通用质量特性反映了不同类别武器装备均应具有的共性特征,一般包括可靠性、耐久性、环境适应性、维修性、测试性等,具体如下。

1. 可靠性(Reliability)

可靠性是指装备在规定条件下和规定时间内,完成规定功能的能力。可靠性反映了装备是否容易发生故障的特性,其中基本可靠性反映了装备故障引起的维修保障资源需求,任务可靠性反映了装备专用特性的持续能力。

2. 耐久性(Durability)

耐久性是指装备在规定的使用和维修条件下,其使用寿命的一种度量,是可靠性的一种特殊情况。

3. 环境适应性(Environment Suitability)

环境适应性是指装备在变化的环境条件下的正常工作能力,是可靠性的一种特殊情况。其中的环境条件包括自然环境、诱发环境和人工环境等,如对硬件产品,环境条件可以是温度、湿度、振动、冲击、噪声、灰尘、电磁干扰等。对于软件产品,环境条件可以是操作系统、计算机系统等。

4. 维修性(Maintainability)

维修性是指装备在规定的条件下和规定的时间内,按规定的程序和方法进行维修时,保持或恢复其规定状态的能力。

5. 测试性(Testability)

测试性是指装备(系统、子系统、设备或组件)能够及时而准确地确定其状态(可工作、不可工作或性能下降),并隔离其内部故障的一种设计特性。

6. 保障性(Supportability)

保障性是指装备的设计特性和计划的保障资源能满足平时战备和战时使用要求的能力。保障性描述的是装备使用和维修过程中保障是否及时的能力。保障性可分为使用保障性和维修保障性两个方面,前者针对装备的正常使用,后者针对装备的故障维修。

7. 安全性(Safety)

安全性是指装备不发生事故的能力,即装备在规定的条件下和规定的时间内,以可接受的风险执行规定功能的能力。安全性作为装备的设计特性,是装备设计中必须满足的首要特性。

8. 经济可承受性(Affordability)

经济可承受性是指装备全寿命周期所需费用的可承受程度。全寿命周期费用一般由研制费用、生产费用、使用与保障费用三大部分组成。经济可承受性是一个设计特性,同样要靠技术手段去实现。

9. 需求适应性(Flexibility)

需求适应性也称柔性,它反映了装备适应用户需求随时间变化的能力。需求的变化可以包括对上述各种属性要求的变化,如使用模式的变化(功能性)、使用环境的变化(环境适应性)、使用时间的变化(耐久性)。

10. 易用性(Usability)

易用性是指装备在特定使用环境下为特定用户用于特定用途时所具有的

有效性(Effectiveness)、效率(Efficiency)和用户主观满意度(Satisfaction),其中有效性是用户完成特定任务和达到特定目标时所具有的正确和完整程度;效率是用户完成任务的正确和完整程度与所使用资源(如时间)之间的比率;用户主观满意度是用户在使用产品过程中所感受到的主观满意和接受程度。易用性实际上是从用户角度所看到的产品质量,是产品竞争力的核心。易用性是以人为核心因素,运用心理学、生理学、解剖学、人体测量学等人体科学知识于工程技术设计和作业管理,以人为本,着眼于提高人的工作绩效(Human Performance),防止作业中人的失误(Human Error),在保证作业人员安全以及尽可能舒适的条件下,达到人—机—环境系统总体性能优化的目标。

11. 可生产性(Producibility)

可生产性也称为生产性,是指装备设计可以以最经济而快速的方法稳定地生产出符合质量要求的装备的可能性。即可生产性是系统在规定的工艺、材料、人力、时间和成本等生产规划的约束下,被生产/建造出来的能力,即生产/建造系统的相对难易程度。

12. 可处置性(Disposability)

可处置性是装备在全寿命周期内可再次利用以及废弃时不引起任何环境恶化的能力。再利用包括再使用(Reuse)、再制造(Remanufacture)、再循环(Recycle),英文缩写为3R。环境恶化包括产生不能分解并带来健康危害的固体废物、空气污染(有害的气体、液体和悬浮物)、水污染、噪声污染、辐射等。传统上,产品和生产过程的设计者主要关注于寿命周期中从原料的提取到生产这一阶段。现在,设计者越来越多地考虑如何循环利用他们的产品。同时,他们必须考虑消费者如何使用他们的产品。生产过程设计者必须避免生产场地的污染,简单地说,设计者必须考虑包括加工过程的整个寿命周期的环境友好性。

1.1.3 质量工程

按照工程的定义,工程是以某组设想的目标为依据,应用有关的科学知识和技术手段,通过一群人的有组织活动将某个(或某些)现有实体(自然的或人造的)转化为具有预期使用价值的人造产品过程。GB/T 19030—2009(质量工程术语)给出了如下质量工程的定义:

为策划、控制、保证和改进产品的质量,将质量管理理论与相关专业技术相结合而开展的系统性活动。

GB/T 19000—2008(质量管理体系基础和术语)给出了如下质量管理(Quality Management)的定义:

在质量方面指挥和控制组织的协调的活动。在质量方面的指挥和控制活动,通常包括制定质量方针和质量目标,以及质量策划、质量控制、质量保证和质量改进等活动。

比较上述两个定义不难看出,质量工程是在质量管理实践基础上逐渐发展而来,质量工程活动的重点在于提高产品质量。质量工程标志着质量管理实践的一种最新发展,其产生和发展标志着现代企业从过去的以管理职能为核心向着以技术为先导方面转移,它将现代质量管理的理论及其实践与现代科学和工程技术成果相结合,以保证、控制和改进产品质量为目标,进行相关技术、方法和技能的开发、研究和应用。质量工程是对企业整个研制生产过程实施质量保证和质量控制的一种系统工程方法。美、日等工业发达国家无论从理论上还是从实践上都强调管理与技术的有机结合。先进的管理与先进的技术在企业运作过程中是不可分割的,推行和普及全面质量管理(Total Quality Management,TQM),建立质量信息管理系统,使新产品、新技术的开发方向更为明确。而产品质量的改进和技术的发展稳定,又要 TQM 来保证,因此,管理和技术是质量的两个轮子,缺一不可,如果离开质量工程技术的支撑,质量工程实践中的管理将成为空洞的理念与模式,如果离开质量管理理念的指导、集成和应用,质量工程技术将是无序的和离散的,形不成合力。

1.1.4 质量工程技术

按照技术的定义,可以认为,所谓技术是人类在实践经验和科学原理基础上形成的关于改造自然的手段、工艺方法、技能体系的总和。

质量工程技术(Quality Engineering Technology,QET)是以系统工程理论为指导,保证产品质量特性实现的所有技术的统称,是实现产品"全系统全寿命全特性"质量管理的重要基础,是其他工程技术发挥效能的共性使能技术。

质量特性是产品生命周期开展质量控制与保证的主线,质量工程技术就是完成质量特性在产品生命周期内的识别、分解、设计、评价、控制、检验与运用的技术手段的集合,质量工程技术通过改变产品质量特性的状态来实现对产品质量的保证与控制。

1.1.5 质量技术系统

装备研制生产企业的技术系统主要由"两总三师"(即行政总指挥、技术总指挥,设计师、工艺师、质量师)构成。其中:设计师系统负责装备研制系统,技术手段主要是设计技术;工艺师系统负责制造系统,技术手段主要是制造技术;质量师系统负责质量工作系统,技术手段主要是质量工程技术。

质量技术系统是面向设计与制造,以质量工程技术为基础,以保证产品质量为目标,由各种相互联系、相互制约的技术要素所组成的复杂技术系统,各技术要素主要包括:经验形态的技术要素(规章制度、过程程序、技能、技巧、诀窍),实体形态的技术要素(检测计量工具、测试仪器设备等),知识形态的技术要素(科学理论和专业知识)。更具体地,质量技术系统是为实现用户与相关方满意的目的,由完成质量过程所需的人员、设备、信息、能源和其他辅助装置,以及设计方法、加工工艺、管理规范和制造信息等组成的具有特定功能的有机整体,其概念模型如图1-2所示。

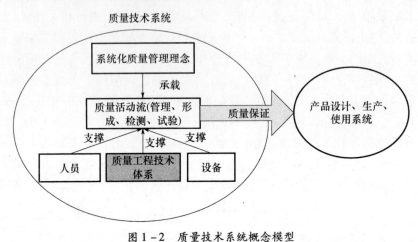

图1-2 质量技术系统概念模型

1.2 质量管理的系统化理论

"系统方法"是质量管理的基本原则之一,为解决复杂的系统级质量问题,在系统论和系统工程理论的指导下,将质量管理过程中相互关联的事物作为系统加以识别、理解和管理,有助于企业提高产品质量的水平。

1.2.1 质量观的系统化

随着质量管理实践与理论研究的不断深入,我国装备质量管理已经从注重装备本体,扩展为关注装备全系统质量保证;从注重性能特性,扩展为关注全特性一体化质量概念;从注重生产过程,扩展为关注装备全寿命质量管理;从注重研制企业,扩展为关注企业、用户、政府等全方位质量责任,即逐步形成了以用户需求为牵引的全系统、全特性、全寿命、全方位的系统化质量观。

1. 全系统质量保证

全系统质量保证是指保证质量特性所依附的各种对象的质量,不仅要保证原材料/元器件/零部件的质量,还要保证武器装备的整体质量;不仅要保证硬件质量,还要保证软件质量;不仅要保证主装备的质量,还要保证保障系统的质量;不仅要保证单一装备的质量,还要保证装备体系各个层次、各个方面的质量。

2. 全特性质量概念

全特性质量概念是在装备研制过程当中考虑专用特性和通用特性一体化设计和分析,从以往的注重装备性能、功能等传统的专用质量特性,转变为关注以效费为目标的性能、功能、可靠性、安全性、维修性、测试性、保障性、环境适应性、经济性等全特性。

3. 全寿命质量管理

全寿命质量管理是指对装备全寿命周期过程各个阶段的质量进行管理活动,包括论证阶段、方案阶段、工程研制阶段、设计定型阶段、生产阶段、使用保障阶段和退役处理阶段的协调与保障。

4. 全方位质量责任

全方位的质量责任是对装备质量的相关责任主体的约束和要求,主要包括第一方责任,即装备研制、生产、试验和维修单位应履行的质量职责,各军工集团对所属单位承担的装备研制、生产等任务履行质量监督管理的职责;第二方责任,即有关装备使用部门及军事代表对武器装备质量管理的相关职责;第三方责任,即政府及有关装备管理部门在武器装备质量管理和质量责任追究方面的职责。

1.2.2 质量过程的系统化

质量过程是以满足产品质量要求为目的、贯穿于产品实现全过程、由逻辑上相关的一系列管理和技术活动组成的集合,实现对产品形成过程质量的无缝保证。质量过程包括目标识别、任务分解、决策优化、验证评价、系统改进等,需要运用系统论的思维来处理各质量过程之间的关联关系。

1. 目标识别过程

目标识别是准确描述和表达质量问题的特征与情境,分析特征间的相关关系并明确相关约束,进而准确识别质量目标。具体管理和技术活动包括目标特性提取、信息完备性确认、模式识别等。

2. 任务分解过程

任务分解是根据目标特性和模式进一步确认导致质量问题的具体机理,将目标特性映射为波动特性,并将质量目标向相关层次进行分解、转化和配置。具体管理和技术活动包括波动特性识别、原因机理分解、复现性分析、质量目标分解等。

3. 决策优化过程

决策优化是寻找备选改进措施,将波动特性映射为操控特性,通过优化和排序备选措施实现质量问题中的冲突消减。具体管理和技术活动包括备选措施获取、措施仿真和优化、质量决策、质量计划改进等。

4. 验证评价过程

验证评价是验证和评价改进措施的实际效果和质量目标的完成情况,评价改进措施和处理手段的可行性与可靠性,进而开展知识库管理。具体管理和技术活动包括执行过程监控、措施有效性评价、计划落实评价、解决效果评价等。

5. 系统改进过程

系统改进是反馈质量问题的处理信息,检查相关过程、型号或单位有无可能发生类似质量问题,进而采取预防措施;同时针对管理上的薄弱环节或漏洞,健全和完善管理体系,从规章制度上避免质量问题的重复发生。具体管理和技术活动包括系统综合评估、波动传播分析、系统预防、体系改进等。

1.2.3 系统化质量管理的技术需求

全系统、全特性、全寿命、全方位质量管理思想的落实,需要开展质量管理、可靠性形成、质量检测、环境试验等质量工程活动。从质量工程定义可以看出,技术是质量工程活动的必要支撑,特别是要在产品全生命周期实现全特性、全系统、全过程的质量管理,就更加需要各类专业技术,总体而言,全系统、全特性、全寿命、全方位质量管理的主要技术需求如下:

(1)覆盖质量全特性。质量特性是产品质量的载体,为了实现每类质量特性的设计、验证、控制与管理,为了落实全特性、全系统、全过程质量管理思想,需要针对每类具体质量特性的特点,建立相应的专门技术,例如针对可靠性特性的,可靠性设计、分析、评估与验证技术等。

(2)覆盖产品设计、生产、试验与使用阶段。产品质量是设计出来的,生产出来的,更是管理出来的,所以,为了落实全特性、全系统、全过程质量管理思想,需要有质量设计技术,也要生产质量控制技术和质量管理技术。

(3)体系化需求。为了落实全特性、全系统、全过程质量管理思想,达到产品质量最优,要求各类支撑技术互相协调且完备,形成比较完备的技术系统。

1.3 质量工程技术体系构建理论

1.3.1 质量工程技术特征

1. 共性特征

质量工程技术与其他专门的工程技术,如飞行器设计工程、船舶工程等不同,质量工程技术是一种"使能"技术,传统的工程技术是用于实现装备的性能,而质量工程技术采用一些共性的、通用的方法和手段使这些装备的性能最大限度地发挥，即我们通常所说的发挥其效能。质量工程技术作用的质量特性必须依附于某一主体，也就是说其目标属性与对象属性共同存在。

2. 综合特征

质量工程的技术工作是在全面质量管理下的有机整体，各组成部分之间、各单项技术之间可以互相融合。如：可靠性维修性保障性测试性安全性等技术的综合、面向过程能力的公差设计、提高可制造性的设计技术（DFM）、质量与可靠性集成技术（质量可靠性链建模技术、考虑过程质量的可靠性评估技术、面向质量的维修性技术等）等。尤其是在当前军工数字化的趋势中，各类通用质量特性的质量工程技术的综合越来越成为一种必然。

3. 交叉特征

质量工程技术是在全面质量管理基础上，广泛吸取当代科学和工程技术成果而产生和发展起来的一门现代综合性的交叉学科。它既与各专门工程技术相关，又用到了大量的应用统计技术、计算机软件技术，与之相关的还有材料学、力学等。同时，质量工程还是一项典型的系统工程，需要从系统的角度出发，运用信息论和控制论等技术方法，优化体系运行，使其达到最优状态，从而实现优化设计、优化管理和最优绩效的目的。

1.3.2 质量工程技术体系化需求

对照全系统、全特性、全过程全方位质量的概念与内涵，为了在产品设计与开发过程中实施全系统、全特性、全过程的系统化质量管理战略，做到通过控制设计开发过程实现产品质量的最优，就必须有一套行之有效的体系化质量工程技术作为支撑，任何复杂的质量问题，都需要相应的技术手段。

为此，急需根据实施产品全系统、全特性、全过程全方位质量管理的特点，明确实施系统化质量管理战略的技术要点，为有效地在产品寿命周期开展全特性与全系统的质量保证提供技术保证，针对复杂装备，需要建立如图 1-3 所示的质量工程技术体系三维空间，为解决特定产品层次、特定阶段、特定质量特性的质量问题提供可能的技术与方法。

现代质量工程技术的核心内容就是保证产品专用特性实现的基础上，在产品全系统的全生命过程中尽最大可能保证上述通用特性（需求的适用性、设计的稳健性、生产的符合性、可靠性、维修性、保障性、安全性与经济可承受性等）。对比图 1-3 中质量工程技术体系三维空间构建需求，质量工程技术体系化需求如下：

（1）以目标维为主线的覆盖过程维及对象维的质量工程技术发展需求。从当前技术发展现状来说，在目标维上，需求的适用性、设计的稳健性、生产的

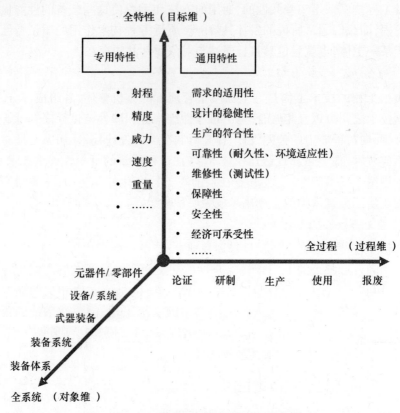

图1-3 质量工程技术体系三维空间

符合性与使用的可靠性等通用特性的保证技术手段比较成熟,其他特性技术还需要发展;在过程维的覆盖方面,可靠性主要覆盖设计阶段,生产符合性覆盖生产阶段,每种特性技术的全过程覆盖都还有待于发展;在对象维上,元器件与零部件级的技术手段相对完善,系统级的技术手段相对缺乏,都亟待发展。

（2）质量工程技术构成及分类需求。根据质量概念,与质量特性形成、检测、维持、管理相关的技术都是质量工程技术,在众多分类视角当中如何选择适当的分类方法来组织质量工程技术也是一直没有很好解决的问题,已经影响到了质量工程技术学科的发展。

（3）质量工程技术的现代科学技术体系发展需求。质量工程技术在目标维技术的引领下,不断地覆盖全过程与全系统,完备自身技术体系,但与一门标准的现代科学技术体系相比,还有很大的距离,其基础理论、基础技术、应用技术的分层学科体系还没有形成,特别是基础理论方面还有很大的发展需求,学科体系亟待梳理。

参考文献

[1]　《质量管理体系基础和术语》(GB/T 19000—2008),中华人民共和国国家质量监督检验检疫总局.

[2]　《质量工程术语》(GB/T 19030—2009),中华人民共和国国家质量监督检验检疫总局.

[3]　康锐,何益海. 质量工程技术基础[M]. 北京:北京航空航天大学出版社,2012.

[4]　何益海,康锐. 质量工程技术体系研究及教改实践[J]. 质量与可靠性,2009,(4):33-36.

[5]　何益海,戴伟,赵宇. 基于现代科学技术三层理论的质量工程技术体系框架研究[J]. 标准科学,2012,(12).

[6]　戴伟,何益海,赵宇. 质量技术系统的建模与运行机制研究[J]. 质量与可靠性,2013,(1).

[7]　康锐,王自力. 装备全系统全特性全过程质量管理概论[J]. 国防技术基础,2007,(4):25-29.

[8]　林志航. 产品设计与制造质量工程[M]. 北京:机械工业出版社,2005.

[9]　王汉功. 装备全面质量管理[M]. 北京:国防工业出版社,2003.

[10]　Douglas C. Montgomery, Introduction to statistical quality control(6e),2009,John Wily&Sons,Inc.

[11]　朗志正. 质量管理及其技术和方法[M]. 北京:中国标准出版社,2003.

第2章 质量工程技术体系

本章要点:为了满足质量工程技术体系化发展需求,根据实际工程对质量技术系统的应用牵引需求,明确了质量工程技术体系的构成原则,进而基于现代科学技术矩阵式框架建立了质量工程技术体系框架(构成图),最后给出体系化分类及各类技术概述。

2.1 现代科学技术体系框架

科学技术是认识世界和改造世界的知识,科学是认识世界的学问,技术是改造世界的学问。现代科学经过一百多年的发展,已形成了三个层次的知识:直接用来改造客观世界的应用技术(或工程技术);为应用技术直接提供理论基础和方法的技术科学;以及再往上一个层次,揭示客观世界规律的基础理论,也就是基础科学。技术科学实际上是从基础理论到应用技术的过渡桥梁。我国著名科学家钱学森指出,这三个层次的知识结构,对其他科学技术学科同样是适用的,这是很重要的科学划分,很有启发性。

现代科学技术的发展呈现出高度分化又高度综合的两种明显趋势。一方面是学科不断分化,越分越细,新学科、新领域不断产生;另一方面是不同学科、不同领域之间相互交叉、综合与融合,向着综合化和整体化的方向发展。这两种趋势相辅相成,相互促进,丰富和发展着现代科学技术体系。

针对现代科学技术的体系结构,钱学森从系统科学思想出发提出了矩阵式结构,如图2-1所示。如图中所示,现代科学技术体系从横向上看有11大科学技术门类。即:自然科学、社会科学、数学科学、系统科学、思维科学、行为科学、人体科学、军事科学、地理科学、建筑科学、文艺;从纵向上看,每一个科学技术门类都包含着三个层次的知识:直接用来改造客观世界的应用技术(或工程技术);为应用技术直接提供理论基础和方法的技术科学(或基础技术);以及再往上一个层次,揭示客观世界规律的基础理论(或基础科学)。

从图2-1中我们可以看出,现代科学技术起源于大量的工程实践,一门新兴学科要发展完备,必须经过从前科学到科学再到哲学这样三个层次的知识,具体门类划分如图2-2所示。质量工程技术作为自然科学与系统科学的交叉学科,其学科技术体系也具有同样的结构,这种结构和层次反映了我们对质量工程技术的研究应用规律，这为我们研究并提出现代质量工程技术体系框架奠定了理论基础。

图 2-1　现代科学技术体系结构图

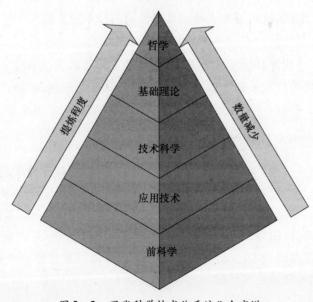

图 2-2　现代科学技术体系演化金字塔

2.2 质量技术系统模型

2.2.1 质量技术系统作用

根据本书第 1 章 1.1.5 节"质量技术系统"的阐述可知,质量技术系统以质量问题和顾客需求为目标,以质量体系为依托,以质量工程技术为基础,以质量工作过程为对象,通过质量策划、质量控制、质量保证和质量改进等活动实现其职能,由质量技术要素构成的质量技术系统具有质量管理、质量形成、质量检测和质量支撑四项主要的系统作用。

1. 质量管理功能

依据符合性质量观念,以控制质量特性的波动为目标,支持指挥、监控和协调产品实现活动的技术,从而提高产品、过程、体系的性能稳定性、符合性,降低质量损失,满足用户需求等。

2. 质量形成功能

主要用于提出和实现满足产品使用要求的质量特性的技术,主要用于设计和验证产品的可靠性、维修性、安全性、测试性、保障性、耐久性、环境适应性等。

3. 质量检测功能

以测量材料、元器件、软件、部组件等的一种或多种质量特性(如性能)为目标,通过检查、测试、试验等方式确定其特性值的技术操作的程序与方法。

4. 质量支撑功能

以计量标准化等共性技术为支撑,为质量工程实践提供共性工具、方法、准则、指南和信息等技术基础支撑,主要包括环境试验与观测,摸清产品使用环境参数。

2.2.2 质量技术系统结构

质量技术系统的结构非常复杂,包括各类与质量管理和技术活动相关的组织结构、资源配置、过程体系等,结构如图 2 - 3 所示。质量技术系统主要包括质量体系管理、产品质量形成、质量检测评价、质量监督、基础保证五大部分,质量技术系统的结构即为"系统功能—质量过程—质量活动"三个层次间的相互作用,由质量管理和技术活动网络构成质量过程,由质量过程实现系统功能,从而构成结构化的质量技术系统。

如图 2 - 3 所示:

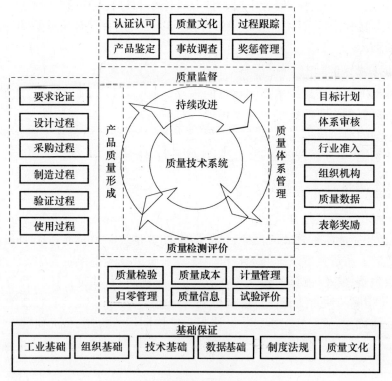

图 2-3　质量技术系统的基本结构

1. 质量体系管理

从目标与资源的角度记录企业经营活动,规范企业经营状态,分析企业经营效果,根据企业生产、经营活动需求合理调度资源。主要包括目标计划、体系审核、行业准入、组织机构、质量数据和表彰奖励等。

2. 产品质量形成

设计阶段完成对产品质量特性的设计、分析、评价与验证,在制造过程对质量特性开展监测与控制,全面反映和跟踪产品形成过程中的质量状况,并建立产品质量控制体系,提高并保证产品质量。主要包括质量设计、可靠性保证、生产控制等活动。

3. 质量检测评价

在顾客需求的驱动下,通过检测产品质量特性,分析和评价质量技术系统的运行绩效,检验核心竞争能力的优势程度,发现质量技术系统存在的突出问题,为企业的质量技术系统的改进决策提供客观依据。

4. 质量监督

为了保证产品质量,监督主体以法规、标准、技术规范、合同等为依据,以质量技术检验、分析、评价等为手段,对产品、体系和过程等对象进行连续或一定频次的监视和验证,并对质量记录进行分析以证实是否符合质量要求的管理和技术活动。

5. 基础保证

基础保证是质量技术系统运行的根基,为质量管理、质量形成、质量检验、质量监督提供必要的技术与制度保证,特别是各类质量工程技术与数据基础,缺乏系统的技术梳理与质量数据积累,已经严重影响了质量技术系统的运行,与设计系统、生产系统的协调运行问题越来越突出。

2.2.3 质量技术系统运行机制

质量技术系统是开放的,为了在装备研制生产环境中保证和保持系统功能,执行和完成质量管理的任务目标,质量技术系统必须具有适应动态环境的运行机制。质量技术系统的运行机制反映了质量技术系统各要素之间相互作用以及物质、信息、能量的交互关系。如图2-4所示,在分析研究装备质量形成、质量检测与质量监督各自运行机制的基础上,进一步梳理质量技术系统各职能之间交互运行关系,建立质量技术系统协同运行机制,从而研究产品质量技术系统之间的反馈与协同。

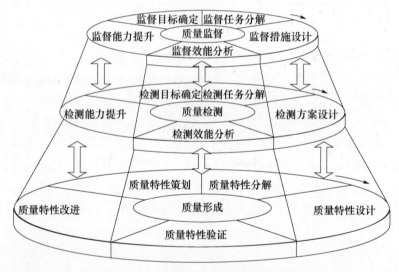

图2-4 质量技术系统协同运行机制

1. 职能运行机制

为了研究质量技术系统各个职能的运行机制,需要分析产品质量形成规律、质量检测方法、质量监督模式。质量技术系统的各项系统职能的运行机制均可以概括为"目标识别、任务分解、决策优化、验证评价、系统改进"五个步骤组成的循环。例如,质量形成职能的运行机制是"质量特性策划—质量特性分解—质量特性设计—质量特性验证—质量特性改进"循环;质量检测职能的运行机制是"检测目标确定—检测任务分解—检测方案设计—检测效能分析—检测能力提升"循环;质量监督职能的运行机制是"监督目标确定—监督任务分解—监督措施设计—监督效能分析—监督能力提升"循环。

2. 协同运行机制

梳理产品质量形成职能、质量检测职能与质量监督职能之间的关联关系,构建质量技术系统中质量形成、质量检测与质量监督的协同运行机制。

质量监督职能是通过质量检测职能来获取质量形成职能的运行情况,进而采取必要的措施和活动,质量检测职能中"检测效能分析"环节的运行任务是根据具体评价任务和方案对质量形成职能的运行过程开展评价与检查,因此质量检测职能中"检测效能分析"环节与质量形成职能的运行过程之间存在协同运行机制。

梳理质量形成职能、质量检测职能、质量监督职能之间的交互运行关系:一方面,质量形成职能中"质量特性改进"环节发现的共性问题可作为质量检测职能和质量监督职能中"检测目标确定"以及"监督目标确定"的输入;另一方面,质量检测职能和质量管理职能的"能力提升"的成果为质量形成职能中"质量特性改进"环节提供支撑和推进。

2.3 质量工程技术体系框架

2.3.1 质量工程技术的分类

按照质量技术系统模型,为了支撑整个质量技术系统的有效运行,承载其质量管理、质量形成和质量检测等主要的系统功能,质量工程技术按照其特点也可划分为如下三个不同门类(考虑到质量支撑技术的共性特点,本书不做专门的分类,将它融入下面三个主要门类技术中):

1. 质量管理技术

依据符合性质量观念,以控制质量特性的波动为目标,支持指挥、监控和协调产品实现活动的技术,从而提高产品、过程、体系的性能稳定性、符合性,降低质量损失,满足用户需求等。

2. 质量形成技术

主要用于提出和实现满足产品使用要求的质量特性(含专用和通用特性)的技术,主要包括用于设计和验证产品的可靠性、维修性、安全性、测试性、保障性、耐久性、环境适应性等通用质量特性形成技术。

3. 质量检测技术

以测量材料、元器件、部组件等的一种或多种质量特性(如性能)为目标,通过检查、测试、试验等方式确定其特性值的技术操作的程序与方法。主要包括环境试验与环境观测技术。

2.3.2 技术体系构建原则

1. 继承性原则

质量工程的技术体系是质量工程技术的各种方法,按照一定的分类形成的一个有机整体,其构成遵从现代科学技术体系框架与演化规律,既有小的门类划分,也有在原理、基础技术与应用技术方面的分层演化。

2. 层次性原则

质量工程技术是一门实践性很强的学科,和其他成熟学科体系一样,质量工程技术作为自然科学与系统科学的交叉学科,理论与技术体系的产生是建立在大量的工程实践基础之上的,其学科技术体系也具有层次性,这种层次性反映了我们对质量工程技术的研究应用规律。

3. 动态性原则

和其他成熟学科专业(机械工程等)相比,质量与可靠性专业还是一个非常年轻的学科,目前处于蓬勃发展期,其基础理论、基础技术与应用技术都在不断的发展和重新认识当中,系统的学科技术体系还没有完全建立。因此,今后随着科学技术的进一步发展,新的理论、技术与应用技术的不断涌现,质量与可靠性技术体系将不断完善,其构成呈现出明显的动态性。

4. 整体性

尽管质量与可靠性体系具有不断发展的动态性,但它是在"全特性、全系统与全过程"质量属性框架的有机整体,其终极目的是满足质量与可靠性要求的前提下,最大化产品效能。

2.3.3 质量工程技术体系框架

依据质量工程技术分类与现代科学技术三层结构,可以建立如图2-5所示的质量工程技术体系框架。从图中可以看出,质量工程技术体系从专业领域可以划分为质量管理技术、质量形成技术与质量检测技术,每个专业领域又可划分为基础理论、基础技术、应用技术、前科学等。其中,每个专业领域由各自的基础理论、基础技术与应用技术构成其主要的技术体系框架,不同专业领域之间的基础理论、基础技术与应用技术也可以共用。

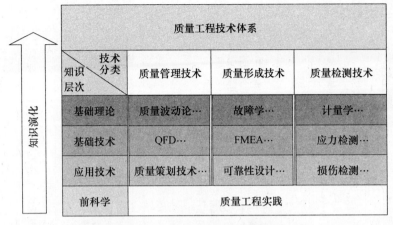

图2-5 质量工程技术体系框架

如图2-5所示,体系框架简述如下:

1. 技术体系专业分类

(1)质量管理技术:以控制通用特性与专用特性的波动为目标,支持指挥、控制和协调产品实现活动的技术,用于提高产品性能稳定性、符合性,降低质量损失,满足用户需求等。

(2)质量形成技术:主要用于提出和实现满足产品使用要求的通用质量特性指标的技术,用于设计和验证产品的可靠性、维修性、安全性、测试性、保障性、耐久性、环境适应性等。

(3)质量检测技术:检测技术是以材料、元器件、部组件等的一种或多种专用质量特性(如性能)的测量为目标,通过检查、测试、试验等方式确定其特性值的技术操作的程序与方法。

从严格意义上说,面向全面质量的现代质量管理技术,应该包含了上述三方面的内容。但是,由于国防科技工业的质量活动始终是以武器装备的质量为中心,而提高装备的效能是武器装备质量的终极目标,并且在相当长的一段时间内,可靠性、安全性、维修性、保障性等通用质量特性也往往是影响装备质量的诸多固有特性中的薄弱环节。针对国产装备的质量特点,根据当前质量工程技术的发展与应用现状,图2-5提出的质量工程技术体系框架可以进一步展开成图2-6所示的质量工程技术体系。即质量工程技术体系从专业领域可以划分为质量管理技术、质量形成技术与质量检测技术,每个专业领域又可划分为基础理论、专业方向、基础技术、应用技术、应用对象等。

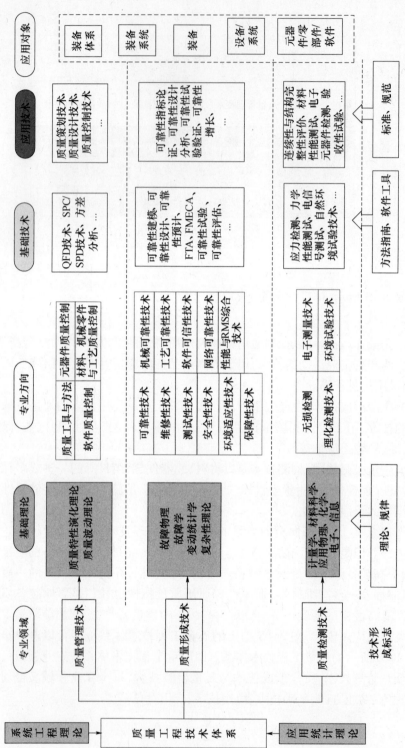

图2-6 质量工程技术体系

2. 技术体系演化分层

（1）基础理论层：基础理论是指依据应用统计理论与系统工程理论认知质量特性演化、质量波动、故障发生规律的理论体系。如：质量波动理论、故障学、变动统计学等。同时，由于质量工程技术的交叉特性，其基础理论也包括了其他专业的一些基础理论分支，如复杂系统理论、电子学、材料学、力学等。

（2）基础技术层：基础技术是指运用基础理论提高装备质量的一些共性的、基础的技术方法。这些技术方法的研究发展可以不局限于某些特定类型的产品，具有通用性，但这些技术最终必须通过应用技术的开发和应用作用于对象，即各类装备和产品之上。

（3）应用技术层：应用技术是指在基础理论与基础技术之上形成的工程应用技术。这些技术最终为形成装备及产品全系统全寿命质量工程技术的标准与规范、工具与设备、组织与管理方法提供坚实的技术支持，是"质量工程"这门"使能"技术的最终体现。

参考文献

[1] 于景元. 钱学森的现代科学技术体系与综合集成方法论[J]. 中国工程科学,2001,3(11):10-18.

[2] 苗东升. 钱学森研究现代科学技术体系的方法论[J]. 科学研究,1995,13(3):19-22.

[3] 康锐,何益海. 质量工程技术基础[M]. 北京:北京航空航天大学出版社,2012.

[4] 何益海,戴伟,赵宇. 基于现代科学技术三层理论的质量工程技术体系框架研究[J]. 标准科学,2012,(12).

[5] 戴伟,何益海,赵宇. 质量技术系统的建模与运行机制研究[J]. 质量与可靠性,2013,(1).

[6] 康锐,王自力. 装备全系统全特性全过程质量管理概论[J]. 国防技术基础,2007(4):25-29.

[7] 国防科技工业可靠性工程技术研究中心. 国防科技工业技术基础科研质量与可靠性专业技术体系研究报告[R]. 2009.

第3章 质量管理技术

本章要点:首先剖析质量管理的任务,基于 **PDCA** 环引出开展这些任务的技术需求,然后结合体系框架,按照现代科学技术三层构成原理及框架,对其主要基础理论、基础技术与应用技术展开简要介绍。

3.1 质量管理任务及技术需求

PDCA 环(Plan,Do,Check,Act)是质量管理中开展一切质量活动的事理模型,P 代表任何质量管理工作都始于策划和设计;D 代表要按照质量计划执行,并监控执行过程;C 代表要对质量活动的阶段性效果开展检查与评价,发现存在问题;A 代表针对发现的问题开展针对性的持续改进。

质量管理技术是以 PDCA 环为基础,控制和降低通用特性与专用质量特性的波动为任务,为保持产品的性能稳定、检验其与标准或规范的符合性、降低质量损失、满足用户需求的过程中所应用的一系列技术和方法。质量管理的技术需求包括对质量策划技术的需求、对质量控制技术的需求、对质量评价技术的需求、对质量改进技术的需求等。

3.1.1 质量策划与设计技术需求

产品的质量是设计和制造进去的,并非检验出来的,因此,产品质量策划是决定产品最终质量和成本的关键。工业发达国家通过多年的实践与分析揭示了产品设计在产品全生命周期中的地位和作用,产品设计阶段的成本支出仅占产品成本的 10% ~ 15%,但是却决定了产品最终质量和成本的 70% ~ 80%。如果将早期阶段的质量问题带到后期,将是致命的,在产品形成后期将很难再改变产品的性能和质量特性。通过大量的调查研究和统计发现,对于中等以上复杂程度的产品而言,故障的 40% 是由于设计不当直接造成的,30% 归咎于加工,30% 归咎于现场管理。纠正质量问题的费用随产品形成阶段呈指数增长,质量问题发现得越早,付出的代价越小;而发现越晚,则付出的代价越大。必须在产品设计过程中,考虑所有可能的质量问题,将质量控制与保证活动从产品的生产制造阶段向产品设计阶段推进,避免由"先天不足"(产品设计过程中存在的种种缺陷)而导致的在生产和使用中的"后患无穷"。

要保证和提高产品质量,必须将重点放在产品生命周期的上游,即产品设计阶段。从源头对产品质量加以控制和管理,可以将产品生产和使用阶段质量问题出现的几率降至最低,节省资金投入,提高生产率。因此,产品质量策划技术与方法的研究引起了国内外学者的广泛关注,主要研究难点在于:

(1)质量策划边界不明确。

由于制造阶段质量保证有检验计划(根据产品标准和技术规范制定)作为输入,因此制造阶段质量保证对象明确且具体,而由于在产品策划阶段,产品技术定义处在不断完善的动态状态,且牵涉到各类具体的设计专业知识,为产品质量策划带来很大不确定性。

(2)质量策划与产品设计知识紧密相关。

产品设计阶段质量问题的原因剖析,往往与具体结构的特定专业知识相关,因此,设计质量保证应该更多的利用产品设计经验和知识,这一点与制造质量保证主要依靠统计分析及检测技术形成鲜明对比。

(3)质量策划是产品增值活动。

这与制造阶段质量保证是实现符合性质量不同,设计阶段质量保证主要是实现适用性质量,直接改变产品技术定义,促进产品技术水平的提高,因此它能彻底预防质量问题的出现,更进一步地提高产品质量。

3.1.2 质量控制技术需求

质量检验对产品质量的保证着眼于事后把关,而质量控制则立足于事前的预防。从20世纪二三十年代直到现在,质量控制理论已经逐渐发展成为质量工程技术方法的核心内容。

(1)质量控制理论的基本出发点是统计质量观点。

产品质量的波动是客观存在的,其原因是由于过程的影响因素本身存在着波动。可避免的异常因素造成产品质量的异常波动,不可避免的偶然因素造成产品质量的偶然波动。统计理论表明,产品质量的偶然波动可用统计分布来描述,因此,通过研究和分析产品质量波动的统计规律,即分布的变化,区分出过程中存在的两类不同性质的质量因素,消除过程中的异常因素(或称系统因素),达到控制产品质量的目的。

(2)对产品质量的控制是通过控制过程质量来实现。

对过程质量的控制与评价主要有下列两方面:一方面评价过程是否稳定,所谓稳定就是过程中不存在异常因素;另一方面是评价过程能力是否充分,即过程所加工产品的质量特性值的波动是否被限定在规范或标准之内。控制图就是对生产过程的关键质量特性值进行测定、记录、评估,从而监测过程是否处于控制状态的一种直观图形工具。控制图是基于"预防为主"思想,主要被控制对象超出控制界限,即造成质量波动,就要分析其影响因素,找到主要原因,加以改进,防止大量不合格品发生造成更大的损失。

（3）质量控制理论面临的挑战。

市场需求多样化,生产过程多品种小批量的现实,对于传统统计控制理论的应用提出了新的课题。对于 ppm(parts per million)甚至 ppb(parts per billion)质量水平上的送检批,目前抽样验收的各种标准是难以实施的,多元统计控制问题对于更大规模的控制、预测及决策开拓了广阔的前景。控制手段和方法更为广泛,实时控制、反馈控制、前馈控制等从理论到实践都取得丰硕的成果。控制思想也不断深化,例如由统计过程控制(Statistical Process Control,SPC)理论演化而来的质量诊断(Statistical Process Diagnosis,SPD)理论是质量控制理论的飞跃。

3.1.3　质量评价技术需求

为保证质量管理工作的科学性、全面性、系统性,提高掌控质量形势的技术能力,需要针对产品、企业、集团与行业的质量评价技术需求,研究并建立质量评价的指标体系与评价方法,构建覆盖产品过程、企业管理、集团绩效、行业发展的质量评价指标体系以及评价方法。质量评价是开展质量管理的科学依据,为了满足开展质量分析的需要,需要构建型号的设计、试验、生产与使用过程质量评价指标体系,系统研究型号、集团、行业质量评价的指标体系与评价方法。

1. 质量评价基础理论研究不足

研究产品质量形成及演化机制,构建质量技术系统,开展大数据分析理论研究,为质量分析评价提供理论基础。

2. 综合质量评价的指标体系

研究面向特定行业、各集团、涉及产品全寿命过程的分层、分级、分类评价指标体系,覆盖质量管理、质量体系、质量能力和实物质量等内容。

3. 综合质量评价指数

面向特定行业开展宏观质量量化评价需要,构建能够表征行业整体质量状况的顶层综合指标、指标计算方法与发布机制。

4. 综合质量评价方法

研究针对产品不同阶段产生的不同数据类型的质量信息数据融合方法,研究各类质量指标的计算方法和综合技术。

3.1.4　质量改进技术需求

只有不断进行质量改进才能保证顾客需求的持续满足。朱兰博士指出:

"质量改进就是对产品质量过程实行持续的担保和保证。"组织向顾客提供的不仅是产品和服务本身的信誉,而且是能够保证长期、稳定生产满足顾客全面质量要求的质量管理体系,质量改进实际上包括了"硬件"和"软件"两方面,已经形成比较完整的质量保证理论、思想和方法。

（1）质量改进的主体是组织,组织应根据顾客的需求变化,不断地确定质量改进的目标,质量改进不只限于产品本身的固有特性,进一步扩展为产品质量附加值、服务质量、可靠性、价格、交货期等广义的赋予特性。

（2）组织提供的质量改进方式逐步从事后转变为事前,从把关剔出不合格到预防不合格品的产生,质量改进从只着眼于目标(结果)的改进,逐步深化或扩大到过程的改进。

（3）组织所提供的质量保证不仅仅是质量和价格等可定量衡量的指标,更重要的是赢得顾客信赖的组织形象和信誉,质量管理体系的建立和完善是实施质量改进的主要形式,对组织的质量管理体系要不断进行评审、认证,得到顾客或第三方的确认。

3.2　质量管理技术框架

3.2.1　框架概述

作为一门相对独立的质量工程技术子学科,质量管理技术具有基础理论、基础技术和应用技术等层次框架。质量管理技术的基础理论主要是指对质量特性演化的认识,包括认识质量特性波动和控制的规律。质量管理技术的基础技术是在基础理论上发展起来的质量特性设计工具、质量特性控制工具、质量特性管理工具等。应用技术是指在基础理论与基础技术之上形成的质量策划技术、质量控制技术、质量评价技术、质量改进技术等应用技术,这些技术可形成质量管理与应用能力。质量管理技术的框架如图 3-1 所示。

3.2.2　基础理论

1. 质量特性演化

在产品实现的不同阶段,产品的形态是以用户需求报告、产品技术指标、产品设计文件、产品工艺文件、产品原型样机等形式表现的,因此,产品过程是一个从无形到有形、从宏观到微观、从定性到定量的过程。在产品过程中,产品质量特性表征产品过程各阶段的质量,质量保证活动也是施加和作用在产品质量特性上。通过研究质量特性从顾客需求、功能需求、结构需求、工艺需求的演化状态空间,为定量化实现的质量设计与质量控制提供了具体的信息支持,从而

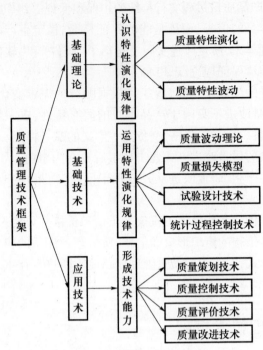

图 3 - 1　质量管理技术框架

达到实现产品寿命周期质量可观、可测、可控的目的。

质量特性演化既包括产品生命周期隶属不同阶段的质量特性之间的演化关系，还包括针对某一具体阶段质量特性之间的关联关系。根据相似产品过程经验，识别产品质量特性及其演化过程，产品质量特性之间相互关联形成网络结构。质量特性间的演化关系通常表现为网状结构，称为质量特性演化网络。质量特性作为网络中的粒子，本身具有各种属性，质量特性粒子之间又存在相互关系。

不同研制阶段的质量特性具有不同的内涵和特点，隶属于产品过程不同阶段的质量特性具有"产生、展开和实现"的生命周期。在将顾客需求转化到产品性能、行为、结构，以及制造要求的过程当中，伴随着质量特性的传递、映射和迭代等演化过程。质量特性的演化形式包括：①继承，即复制前一阶段的质量特性；②优化，即优化改进质量特性的某些属性；③展开，例如在设计过程中，将一个质量特性分解为多个以便控制和实现；④聚合，例如在装配过程中，多个零件级质量特性合成为一个部件级质量特性。

如图 3 - 2 所示为产品质量特性的演化过程，质量特性从顾客需求逐渐向各功能域、结构域、工艺域分解配置和映射转化，随着产品过程的深入，产品质量特性作为产品过程各个阶段的成果和载体不断传递、映射和迭代。在整个产品生命周期中,质量特性主要经历了从上到下(Top-down)的"分解映射过程"和从下到上(Bottom-up)的"合成实现过程"。需求质量特性处于质量特性层次结构中的最高层次,集成产品开发团队通过需求分析将用户对产品在功能、性能、可靠性、适应性、可维护性、外观、人体工程以及环保等方面的需求,通过分类整理和规范化处理形成产品的功能质量特性。结构设计将功能质量特性分解配置到结构质量特性。详细设计将结构质量特性分解配置到过程质量特性,完成质量特性从上到下的"分解映射过程"。加工生产将过程质量特性合成实现为结构质量特性,装配调试将结构质量特性合成实现为功能质量特性,交付使用将功能质量特性合成实现为需求质量特性,完成质量特性从下到上的"合成实现过程"。

随着产品过程的深入质量特性逐渐细化,并反映到产品过程的每一个细节中,最终形成产品的整体质量。根据所属的产品过程阶段,质量特性主要分为产品特性和过程特性,其中产品特性包括产品/系统级特性、部件级特性、零件级特性、特征级特性等;过程特性包括制造特性、装配特性、检验特性、调试特性等。随着研制过程的逐步深入,质量特性的粒度由粗到细,质量特性所包含的内容越来越具体。

2. 质量特性波动

由于操作者、设备、材料、工艺方法、测量及环境等多种客观因素的影响,产品过程及研制环境的波动和变化是无法消除的,质量特性量值受到影响因素作用存在波动规律,为了保障产品研制过程的有效进行,对质量波动理论展开研究。

质量波动是一种随机现象,引起产品质量波动的原因主要来自六个方面,即5M1E(Man、Machine、Material、Method、Measurement、Environment)。由于影响产品质量的因素时刻都在变化,生产出来产品的质量特性数值不可能完全相同,这就是产品质量的波动性或变异性。因此,产品质量波动性具有普遍性和永恒性。当生产过程处于统计控制状态时,生产出来的产品质量特性数据,其波动服从一定的分布规律(统计分布),这就是产品质量的规律性。

在产品实现的过程中,存在两类影响产品质量特性的因素,一种是随机因素(偶然性因素),另一种是系统因素(确定性因素)。在一定的生产力水平下随机因素作用下产品质量特性的变化不会超出允许界限(公差),产品质量符合设计要求。而系统因素是构成产品实现过程的必要条件,一旦发生异常变化,产品质量特性就会超出允许界限,产品质量即不符合设计要求。因此,在质量管理中,观测和控制决定产品质量特性是否符合设计要求的系统性因素,是一项重要的控制活动。

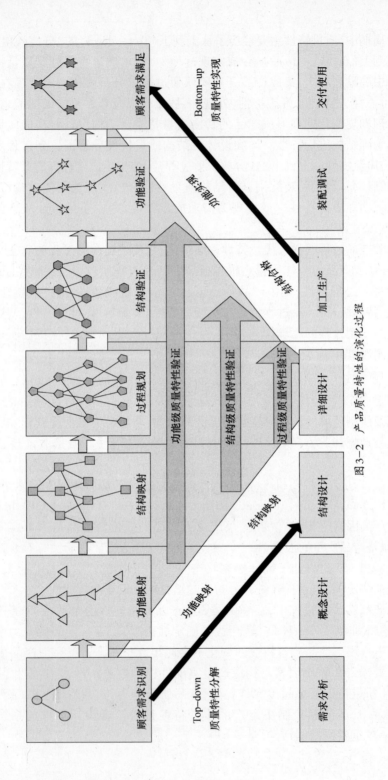

图 3-2 产品质量特性的演化过程

从统计学角度来看,可以把产品质量波动分为正常波动和异常波动两类。

(1)正常波动是由偶然因素或随机因素(随机原因)引起的产品质量波动。偶然因素在生产过程中大量存在,但其所造成的产品质量特性值的波动往往较小。如:原材料的成分和性能上的微小差异、机器设备的轻微振动、温湿度的微小变化、操作、测量的微小差异等。对随机因素波动的消除,在技术上难以达到,在经济上代价很大,因此,一般情况下在生产过程中随机因素波动是允许存在的,称为正常波动,公差就是承认这种波动的产物。仅有随机因素波动影响的过程称为处于统计控制状态的过程,简称为受控状态或稳定状态。

特点:①偶然因素多;②波动造成的影响小;③波动作用无方向性;④作用时间长;⑤对产品质量的影响小;⑥完全消除偶然因素的影响,在技术上有困难或在经济上不允许。所以由随机因素引起的产品质量的随机波动是不可避免的。

(2)异常波动是由异常因素或系统因素(系统原因)引起的产品质量波动。系统因素在生产过程中并不经常发生,但其所造成的产品质量值的波动比较显著。如:原材料不符合规定要求、机器设备运行故障、操作者违反操作规程、测量工具系统误差等。由于异常波动对质量特性的影响较大,在生产过程中是不允许存在的,同时由于系统因素引起的质量波动大小和方向一般具有周期性和倾向性,异常波动因素比较容易查明和消除。有异常因素波动影响的过程称为过程处于非统计控制状态,简称为失控状态或不稳定状态。

特点:①系统因素相对较少;②波动造成的影响大;③往往具有单向性或周期性;④作用时间短;⑤对产品质量的影响较大;⑥异常因素易于消除或减弱,在技术上能够识别和消除,在经济上也往往是可行的。所以由异常因素造成的产品质量波动在生产过程中是不允许存在的,一旦发现产品质量有异常波动,就应尽快找出并消除异常因素,同时采取进一步措施杜绝再次出现。

质量管理的一项重要工作,就是要找出产品质量波动规律,把正常波动控制在合理范围内,消除系统原因引起的异常波动。

3.2.3 基础技术

1. 质量波动理论

在产品实现的过程中,存在两类因素影响产品质量的特性,其一是随机性因素(偶然性因素),其二是系统性因素(非随机性因素即确定性因素)。在一定生产力水平下,随机性因素是不可观测和不可控无须控制的因素,在这种因素作用下产品质量特性的变化不会超出允许的界限(公差),产品质量符合要求。而系统性因素是确定性因素,是构成生产过程的必要条件,可观测可控制,发生异常变化,产品质量特性则会超出允许的界限,产品质量将不会符合要求。因此,在质量管理中,观测和控制这些决定产品质量特性是否符合要求的系统性因素,是一项重要的管理活动。

2. 质量损失模型

产品质量与质量成本密切相关,产品功能的波动造成质量损失,质量损失是指产品在整个生命周期的过程中,由于质量不满足规定的要求,对生产者、使用者和社会所造成的全部损失之和。为了度量由于功能波动所造成的损失,日本质量管理学家田口玄一(Taguchi)提出了质量损失函数的概念,它把功能波动与经济损失联系起来,质量损失越大,产品质量越差;反之,质量损失越小,产品质量越好。田口认为系统产生的质量损失是由于质量特性 y 偏离设计目标值造成的,有偏离,就会有损失。

3. 试验设计技术

试验设计(Design Of Experiment,DOE)是以概率论和数理统计为理论基础,经济地、科学地安排试验的一项技术。试验设计是数理统计学的一个重要分支,多数数理统计方法主要用于已经得到的数据,而试验设计却是用于决定数据收集的方法。试验设计方法主要讨论如何合理地安排试验以及试验所得的数据如何分析等。试验设计的三个基本原理是重复、随机化、区组化。

一个好的试验设计包含几个方面的内容:

(1) 明确衡量产品质量的指标,所以这个质量指标必须是能够量化的指标,在试验设计中称为试验指标,也称为响应变量(Response Variable)或输出变量。

(2) 寻找影响试验指标的可能因素(Factor),也称为影响因子和输入变量。因素变化的各种状态称为水平,要求根据专业知识初步确定因素水平的范围。

(3) 根据实际问题,选择适用的试验设计方法。试验设计的方法有很多,每种方法都有不同的适用条件,选择了适用的方法就可以事半功倍,选择的方法不正确或者根本没有进行有效的试验设计就会事倍而功半。

(4) 科学地分析试验结果,包括对数据的直观分析、方差分析、回归分析等多种统计分析方法,这些工作可以借助 Minitab 软件完成。

常用的试验设计方法有正交试验设计、均匀试验设计、析因试验设计、单纯型优化法、双水平单纯型优化法、回归正交设计法、序贯正交设计法等。

4. 统计过程控制技术

质量控制的核心思想就是过程处于统计受控的随机波动状态,并对出现的系统性差异或系统异常现象采取相应措施进行纠正,最常用的方法就是统计过程控制技术。统计过程控制是一种借助数理统计方法的过程控制工具。

它对生产过程进行分析评价,根据反馈信息及时发现系统性因素出现的征兆,并采取措施消除其影响,使过程维持在仅受随机性因素影响的受控状态,以达到控制质量的目的。它认为,当过程仅受随机因素影响时,过程处于统计控制状态(简称受控状态);当过程中存在系统因素的影响时,过程处于统计失控状态(简称失控状态)。由于过程波动具有统计规律性,当过程受控时,过程特性一般服从稳定的随机分布;而失控时,过程分布将发生改变。统计过程控制技术正是利用过程波动的统计规律性对过程进行分析控制。因而,它强调过程在受控和有能力的状态下运行,从而使产品和服务稳定地满足顾客的要求。

3.2.4 应用技术

质量管理的应用技术是指为了实施和支持能以最低成本达到充分满足顾客要求的质量体系而制订政策、分析与规划产品质量所需要的技术知识整体。

处于产品过程不同阶段的质量特性具有不同的特点,在进行相应阶段的产品质量特性的处理过程中,需要选用不同的质量应用技术。质量管理过程中使用的质量应用技术涵盖了质量策划技术、质量控制技术、质量评价技术、质量改进技术等。这些应用技术从工程方法的角度全方位支持质量管理过程。

3.3 质量策划与设计技术

质量策划与设计就是在产品或过程的设计过程中提出质量要求,确定产品的质量水平(或质量等级),选择主要的性能参数,规定多种性能参数经济合理的容差,或制定公差标准和其他技术条件。无论新产品的研制,还是老产品的改进,都需要开展质量策划。质量策划的内容包括设定质量目标,确定所需的质量资源、实现目标的方法,同时,还需要明确具体措施完成的时间,检查或考核的方法,评价指标,所需的文件和记录等。

3.3.1 质量配置工具

1. 质量功能展开

质量功能展开(Quality Function Deployment,QFD)于20世纪70年代发源于日本,是一种旨在提高顾客满意度的所谓"顾客驱动"的质量工程方法。它是一种用户驱动的结构化、系统化的产品开发和质量保证方法,能够提供一组方法用以获取和定义顾客需求,并将顾客需求转化为与之相应的产品开发和制造各个阶段的工程需求。质量功能配置方法采用质量屋进行用户需求的分解与转化,利用瀑布式分解进行需求与产品技术需求(设计、工艺、制造等过程)的转换,可以分为质量屋的构建和利用质量屋中的信息进行决策两个过程,互相关矩阵可以分析质量特性间的互相关关系,用于发现质量特性间存在的冲突。

QFD 就是指将顾客的需求转换成具体的质量特性,确定产品的设计质量,然后分解为各功能、部件的质量,直至映射到各部门的质量和工序要素,对其中的关系进行系统地展开,包括质量展开、技术展开、成本展开,通俗地讲,质量功能展开就是把顾客的期望和要求转换为公司内部的"语言和程序",并进行传递和实现的闭环系统。

质量功能展开能够帮助研制人员真正关注顾客的需求和市场的导向,在产品开发的全过程传递顾客的需求,重点关注那些常常不能完全满足要求的高风险的研制过程。QFD 通常是通过一系列矩阵和图表或称质量屋来传递和分解顾客要求的,其基本原理包括三个方面:质量屋建造、质量功能的矩阵展开、质量功能展开矩阵的分析与评价方法。

2. 目标规划法

目标规划法(Goal Programming,GP)是在线性规划的基础上逐步发展起来的一种多目标规划方法。这一方法是由美国学者查恩斯(A. charnes)和库伯(W. W. Cooper)于 1961 年首先提出来的,该方法在处理实际决策问题时,承认各项决策要求(即使是冲突的)的存在有其合理性;在作最终决策时,不强调其绝对意义上的最优性。目标规划的基本思想是,给定若干目标以及实现这些目标的优先顺序,在有限的资源条件下,使偏离目标值的总偏差最小。

3. 萃智(TRIZ)方法

萃智方法(Theory of the Solution of Inventive Problems,TRIZ)的含义是发明问题解决理论,其核心是技术进化原理。按这一原理,技术系统一直处于进化之中,解决冲突是其进化的推动力。进化速度随技术系统一般冲突的解决而降低,使其产生突变的唯一方法是解决阻碍其进化的深层次冲突。

TRIZ 方法是苏联的 G. S. Altshuller 教授领导的研究小组查阅了世界各国近 250 万件发明专利,从中总结出的发明问题解决理论。TRIZ 是由解决技术问题和实现创新开发的各种方法、算法组成的综合理论体系。TRIZ 理论体系包括物质—场分析、发明问题解决算法 ARIZ 和技术系统进化法则三个主要部分。TRIZ 理论通过 40 个发明创造所遵循的原理,39 项技术特性构成的矛盾对比表,引导人们创造性解决问题。TRIZ 理论主要用于在产品设计阶段的冲突消解。

现代 TRIZ 理论的核心思想主要体现在三个方面：

（1）无论是一个简单产品还是复杂的技术系统，其核心技术的发展都是遵循着客观的规律发展演变的，即具有客观的进化规律和模式。

（2）各种技术难题、冲突和矛盾的不断解决是推动这种进化过程的动力。

（3）技术系统发展的理想状态是用尽量少的资源实现尽量多的功能。

创新从最通俗的意义上讲就是创造性地发现问题和创造性地解决问题的过程，TRIZ 理论的强大作用正在于它为人们创造性地发现问题和解决问题提供了系统的理论和方法工具。

3.3.2　质量特性设计工具

质量特性设计工具主要包括试验设计方法、田口设计方法等。

1. 试验设计方法

试验设计方法（DOE）作为相对独立的一门学科，既是应用数学的一个分支，也是试验优化的一个重要组成部分。它是从正交性、均匀性出发，利用拉丁方、正交表、均匀表等作为工具来设计试验方案，实施广义试验，寻找最优点。试验设计的目的就是以最少的试验工作量、最低的试验成本寻求试验因素的适宜水平组合，使质量得以优化。

针对实际问题的具体状况，分两个阶段进行试验设计。第一阶段变量个数在 20~100 时，使用"思路创新工具"（含五种工具），主要是在基本上不改变目前生产状况的前提下，分析造成问题的原因；第二阶段变量个数在小于 20 时，使用"正式试验设计工具"（含五种工具），主要是综合使用多种原有通用的试验设计工具，使用 10 种不同的 DOE 工具解决特定的问题。试验设计方法如表 3-1 所列。

表 3-1　试验设计方法

质量工具	简介
多变量图分析法	多变量图（Multi Variation Chart）用于分析过程发生变异的来源，根据以往经验确定影响质量的可能要素，例如批次、机床、原材料、工艺变量等，每隔一段时间抽取连续生产的几件产品，按需观察这些要素的几种情况分别测试质量特性，画成图表进行比较分析，以确定引起波动的原因
集中图法	集中图是多变量图分析法的派生工具，对重复出现的问题进行细致分析，用"斑点图"标示重复出现的产品波动的位置分布图，精确定位缺陷最集中的重要问题变量的位置
部件搜索法	部件搜索：通过对"好""坏"两个部件的分析比较，进行逻辑推理计算，淘汰多个无意义变量，从而对多变异进行分流。根据以往经验确定影响产品质量的可疑零件，随机选取几个好的产品和坏的产品，将坏产品上的可疑零件与好产品上的对应零件进行交换，重新装配后进行质量特性参数的测量、比较、分析，以找到影响产品质量的主要零件

质量工具	简介
成对比较法	成对比较是一种通用的线索生成工具，在分析对象不符合部件搜索的先决条件（最好的和最差的部件可以拆卸/重新组装）时，这种情况下就需要应用成对比较技术，通过随机选取5对以上(6~8对)好的和坏的产品，用各种方法测试其各种参数并比较其不同之处，以确定影响产品质量的主要原因。成对比较技术适用于不可拆卸的产品
产品/过程搜索法	产品/过程搜索：精确定位过程变量，把较多个(6~8个)好产品相关的过程参数与较多个(6~8个)差产品相关的过程参数相比较
变量搜索法	变量搜索（部分实施的因子设计法）：与零件搜索有许多相似之处，都是逐个替换，进行测试比较，以搜索引起产品质量波动的主要原因，但变量搜索是针对变量的，而零件搜索则是针对零件的
全因子设计法	全因子设计：按全部因素所有水平的一切组合逐次进行实验，研究这些因素的主效应和相互之间的交互作用，以确定最佳的因素水平匹配方案
改进效果检查法	改进效果检查又称"B比对C"法。令B(Best)为改进后的工序，而C(Current)为改进前的工序。为了确认改进的程度及持久性，通过回到改进前的产品、工艺或方法，并确保问题再现，这样的多次（至少两次）反复可以使导致问题的根本原因得以确认。为了验证改进效果，可以设定风险率a(第Ⅰ类风险)和b(第Ⅱ类风险)，随机抽取B和C两种产品（样本量由风险率决定），进行假设检验，以确定在规定的风险率下，B产品是否优于C产品。可见，"B比对C"法是一种验证工具，而不是一种解决问题的工具
回归设计分析法	利用散布图进行变量关系的回归分析，对散布数据作出散布图，应用试验设计的回归理论分析，诊断不同因素对产品的影响程度，从而找出影响产品质量波动的主要原因，并根据波动大小，确定各因素的改进目标值和容差，优化改进过程
响应曲面法	响应曲面法(Response Surface Methodology, RSM)是一种以试验设计为基础，用于处理多变量问题建模和分析的统计处理方法，该方法的优点是：由于其试验目的是拟合响应面数学模型，故试验次数较少且是半试验性的，最佳参数水平组合通过理论计算得出，从而克服了田口方法预先要知道解的大致范围的不足，优化改进过程。其参数设计的步骤一般分为参数筛选、区域寻优和优化三个阶段
回归设计	回归设计(Regression Design)研究自变量与因变量间的依存关系，并以回归方程为各因素试验数据表达形式的试验设计。通常用线性回归方程、曲线回归方程等表达式。 设计表格化、公式规范化、分析程式化，是回归设计技术的显著特点。设计表格化，是指试验方案的设计、回归系数的计算与检验都配列在同一表中，即计算格式表。公式规范化是指对于不同的回归设计方法，回归系数的计算、各因素的线性项、非线性项及其交互项的偏差平方和的计算以及统计检验，大多有同样形式的公式。一般回归设计的优化过程是根据试验要求与专业知识，选择合适的回归设计方法，先编码，设计方案，配列计算格式表，再计算分析，最后进行统计检验，已经完全程式化。回归设计的上述特点，对于计算机编程以及在科研和工农业生产中的实际应用都非常方便

质量工具	简介
区组设计	区组设计(Randomized Block Design)亦称完全随机区组设计(Random Complete Block Design)。这种设计的特点是根据"局部控制"的原则,将试验按被试的某些特征进行分组,保持组内同质(组间是否异质视试验性质而定),使每个区组接受所有的实验处理

2. 田口设计方法

田口设计方法又称三次设计方法,是日本质量工程专家田口玄一博士在试验设计原理的基础上于 20 世纪 60 年代提出的一种以系统设计(System Design)、参数设计(Parameter Design)和容差设计(Tolerance Design)为主要内容的提高与改进产品质量的优化设计方法。其中,系统设计是基础,参数设计是核心。三次设计和传统的产品的三段设计(方案设计、技术设计和工艺设计)有一定的交叉,通过三次设计使产品具有健壮性,三次设计进一步运用正交设计的理论和方法研究考核指标的稳定性。它将质量损失函数、试验设计中行之有效的正交表、信噪比等应用到质量工程领域,将质量与经济效益联系在一起,以适应产品设计开发、工艺参数优化和测试系统最优化设计等各个方面。是以试验设计技术为基础的一种提高与改进产品质量的方法。田口设计方法如表 3 – 2 所列。

表 3 – 2　田口设计方法

质量工具	简介
系统设计	根据专业知识设计产品的初样使产品达到用户所要求的功能。系统设计在产品与技术开发中居于重要地位,但该过程主要依靠工程技术人员运用其专业技术支持来完成。 系统设计的主要任务可以归纳为三点: (1) 根据用户需求确定产品的功能要求,即质量特性、质量特性目标值及其容差。 (2) 设计或确定产品的基本结构、零部件形状、材料、参数范围及组装系统。 (3) 确定质量特性与元部件参数及其主要影响因素是否存在确定的理论关系或数学模式,即输出与参数之间的解析表达式。若存在确定的数学表达式,只需要通过计算就可获得分析最佳设计方案的质量特性数据;若不存在确定的数学关系,则可以通过试验获得质量特性数据
参数设计	参数设计就是应用参数组合与输出质量特性非线性关系,通过对试验数据的定量统计分析,找出成本最低、稳定性最好的参数组合过程。 参数设计的一般方法如下: (1) 使用正交表设计不同的备选(试验)方案,常采用 $L_{18}(2^1 \times 3^7)$ 正交表。 (2) 最佳方案的选择可以通过分析在各种误差因素综合影响下质量特性输出值的信噪比 SN 来描述。用信噪比来衡量各试验方案的健壮性,信噪比最大的设计方案,一般为最优设计方案。 (3) 使用低等级的元部件(常使用三级品)或最宽的工艺条件进行参数设计,以获得最佳质量经济性

质量工具	简介
容差设计	选取元部件公差的合理搭配,使质量和成本达到最佳平衡,从而使产品具有竞争能力。系统要素的中心值决定后,便进入决定这些因素波动范围的容差设计。由于某些输出特性的波动范围仍然较大,若想进一步控制波动范围,就得考虑选择较好的原材料、配件,但这样自然会提高成本。因此有必要将产品的质量和成本进行综合平衡。容差是从经济角度考虑允许质量特性值的波动范围。容差设计通过研究容差范围与质量成本之间的关系,对质量和成本进行综合平衡。 容差设计的主要任务: (1) 分析并找出对质量波动影响最大的误差因素作为重新确定容差(即压缩容差)的对象。 (2) 提出多种(一般两种以上)容差设计方案,分别计算并比较各种方案质量损失下降费用与成本增加费用,选择总损失最小的容差设计方案。 (3) 如果参数设计中经过因素的调整,质量特性均值与目标值尚存在偏差,在容差设计过程中可进一步找出与质量特性呈线性关系的误差因素,通过调整其中心值,使得其均值等于中心值,以减少中心值偏移造成的质量波动

识别质量管理中的波动要素,准确描述和表达波动质量特征,分析波动特征间的相关关系,明确质量管理过程的约束,制定质量目标,规定必要的作业过程和资源以实现质量目标。质量策划的目的就是要确保项目质量目标的实现,保证质量管理持续有效运行。

3.3.3 质量设计方法

质量设计的主要任务是在满足顾客需求的基础上发现潜在的主要质量问题,在产品属性更改成本相对较低的时候,采取相应措施对产品方案进行改进,尽可能在设计阶段对产品质量给予保证,为制造阶段质量保证提供有效输入,尽量避免质量问题在制造和使用等阶段出现,节约开发成本,提升产品质量,促进产品技术进化与成熟,实现产品质量的有机增长。

质量设计的主要任务是将质量约束特性映射为可以操控的质量感知特性,根据识别和确认的波动模式和波动情境进一步确认导致波动发生的具体机理,并将产品质量特性向设计相关层次的质量特性分解、转化和配置。

质量设计时,一般包括以下内容:

(1) 研究质量特性的要求与质量水平。运用工序能力调查的情报,确定要进行调查的质量特性项目和拟收集的有关质量数据的预备工作。

(2) 确定产品性能和技术上的质量特性及其目标值,研究实现目标值的方法。

(3) 确定应采取的技术措施、试验规程、检查规程等质量跟踪方案。规定产品检查项目、检测方法和检测手段以及所需检测仪器和测量工具项目。

（4）组织设计评审,寻找设计方案中潜在的质量问题,进一步完善质量设计方案。

质量设计方法具体概括为质量波动确认、质量目标识别、波动模式识别、特性重要度确定、质量要求分解五项主要任务,如表3-3所列。

表3-3 质量设计方法

主要任务	输入质量信息	方法与工具	输出质量信息
质量波动确认	波动特征集; 波动现象	模糊聚类分析法	波动信息完备性
质量目标识别	波动现象	控制图法	波动特征集
		调查表法	
		排列图法	
		直方图法	
		散布图法	
		矩阵图法	
		质量评估法	
波动模式识别	波动现象; 波动特征集	亲和图法	波动模式; 质量特性集; 特性波动机理
		模糊聚类分析法	
特性重要度确定	波动情境; 质量约束特性集; 质量排障特性集; 质量特性容差范围	灰色关联分析法	质量操控特性集; 质量特性重要度; 质量特性改进目标
		QFD	
		层次分析法（AHP）	
		网络分析法（ANP）	
质量要求分解	质量感知特性集; 质量约束特性集; 波动模式; 产品性能、组件、过程、组织的结构	分层法	质量排障特性集; 特征波动原因; 波动原因线索
		因果图法	
		亲和图法	
		系统图法	
		QFD	
		矩阵图法	
		矩阵数据分析法	

如表3-3所示,质量策划技术的不同任务需要用到常用质量工具。

（1）"质量波动确认"是针对具体质量波动现象,质量管理主体首先需要对现象描述的准确性和完备性进行确认,包括整理语言文字资料、抽样调查数据、维修记录等,采用结构化语言对产品波动质量特征描述,得到波动特征集,以保证后继的分析过程能够顺利进行。

（2）"质量目标识别"是通过对伴随质量问题的各种现象进行分析,应用历史质量问题与质量特性的关联知识,分析具体质量波动模式和波动机理,主要应用到控制图法、调查表法、排列图法、直方图法、散布图法等。

（3）"波动模式识别"是利用上面步骤提取的波动特征集并参考具体质量现象,应用模式识别方法与质量特性的关联知识,分析具体的质量波动模式和波动机理,确定质量目标,主要应用到亲和图法、模糊聚类分析法。

（4）"特性重要度确定"根据质量特性之间的关联知识,由质量约束特性集得到质量操控特性集,结合实际的波动情境,评价质量约束特性集和质量排障特性集的相关性,得到质量特性的重要度,并且参考实际质量特性容差范围确定质量特性的改进目标值,主要应用到灰色关联分析法、QFD、AHP、ANP 工具。

（5）"质量要求分解"是参考上面步骤得到的质量感知特性集、质量约束特性集,应用质量特性之间的支配关系知识,确定质量约束特性集,并按照已知的产品性能、组件、过程、组织的结构对波动情境进行分析,研究波动情境与产品性能、组件、过程、组织的关系,确定特征波动原因和波动原因线索,主要应用到分层法、因果图法、亲和图法、系统图法、QFD、矩阵图法、矩阵数据分析法等工具。

此外,通过对类似产品历史波动知识进行归纳总结,将感知型质量特性与约束型质量特性之间的隐性知识显性化,通过模式识别过程得到的故障特征就可以直接映射得到可能的波动原因质量特性及其影响概率,从而有效利用企业长期生产实践过程中积累的波动原因分解方法和经验,辅助再次发生的类似产品波动问题的处理过程,并为全新产品研制质量决策提供有益的参考。

当前,针对质量策划技术的研究主要包括先进质量管理模式研究、面向产品生命周期管理的数字化质量管理模式方法研究、质量需求分析与质量特性识别技术研究、面向复杂系统的全寿命周期质量策划技术研究等。当前,针对质量设计技术的研究主要包括产品设计阶段集成化质量保证方法与技术研究、六西格玛设计（DFSS）应用研究、保质设计（DFQ）应用研究、田口三次设计应用研究与推广等。

3.4　质量控制技术

质量控制是为了达到质量要求而采取的作业技术和活动,质量控制是质量管理的一部分,致力于满足质量要求,通过监视质量形成过程,消除所有引起质量波动的因素。

质量控制大致可以分为七个步骤:

（1）选择控制对象;

（2）选择需要监测的质量特性值;

（3）确定规格标准,详细说明质量特性;

（4）选定能准确测量该特性值的监测仪表,或自制测试手段;

（5）进行实际测试并做好数据记录;

（6）分析实际与规格之间存在差异的原因;

（7）采取相应的纠正措施。

3.4.1 质量控制工具

质量控制基于"预防为主"思想,主要分析造成质量波动的影响因素,找到主要原因,加以改进,防止大量不合格品发生造成更大的损失。控制图法、调查表法、排列图法、直方图法、散布图法、分层法、因果图分析法等都属于质量控制基本工具。质量控制基本工具在 20 世纪 60 年代由日本石川博士将当时常用的质量控制工具编纂而成,这七种质量工具将质量管理思想与数学统计方法相结合,通过综合分析过程特性波动和偏移风险,提供了产品研制风险的定量分析方法。质量控制工具如表 3-4 所列。

表 3-4　质量控制工具

质量工具	简介
工序能力分析	工序能力也称过程能力,一般是指在稳定的标准状态下过程波动范围的大小,或过程固有波动范围的大小,即工序处于稳定状态下的实际加工能力。它是衡量工序质量的一种标志。 工序能力分析就是考虑工序中人的操作、设备、材料、工艺、测量工具与方法以及环境,即 5M1E 对工序质量指标要求的适合程度。工序能力分析是质量管理的一项重要技术基础工作,它有助于掌握各道工序的质量保证能力,为产品设计、工艺、工装设计,设备的维修、调整、更新及改造提供必要的资料和依据。对工序能力分析首先要确定过程处于稳定状态,然后计算工序能力及工序能力指数。工序能力越高,产品的质量特征值波动越小;工序能力越低,产品质量特征值波动越大。兼顾质量与经济两方面的要求,常用 6σ 来描述工序能力,而对于工序能力指数 $Cp = (T_U - T_L)/6\sigma$,其值越大,说明工序能力越能满足技术要求,产品质量越有保证。接着需要对过程能力进行评价,根据计算得到的过程能力指数分析产品过程能力的高低,并依此对过程采取相应的处置措施
控制图法	控制图(Control Chart)又称质量监控图,是监控质量特性值波动的图表,是分析工序过程是否处于受控状态的工具,控制图是由一条中心线、两条控制线(位于控制图的上方和下方)和描在图上代表质量特性值的点组成。控制图的实际使用是从控制图上点的上下波动来区别过程是否存在异常波动。主要作用有:判断生产过程的稳定性,及时发现生产过程中的异常现象和缓慢变异。因此控制图可以在制造波动刚刚产生甚至将要产生的时候就能够报警,另外根据控制图的模式特征还可以推断波动的特征以及大致的原因。应用最广的控制图是 W. A. 休哈特在 1925 年提出的控制图

质量工具	简介
调查表法	调查表（Data-collection Form）又叫检查表、核对表、统计分析表。调查表是系统收集资料和积累数据，调查事物的客观情况并对数据进行粗略整理和分析的统计图表，用它来收集数据能反映数据之间的交互关系，在调查表上用检查标记或简单的符号记录数据，进行数据整理和分析之后，可以一目了然地发现问题
排列图法	排列图（Pareto Diagram）又称帕累托图，是从大量数据中找出主要因素，分析主要矛盾，从而将质量改进项目从最重要到最次要顺序排列而采用的一种图表。排列图按从大到小的顺序显示出每个项目（例如不合格项目）在整个结果中的相应作用，相应的作用可以表示为发生次数、有关项目的成本或影响结果的其他指标等。用矩形的高度表示每个项目相应的作用大小，用累计频数表示各项目的累计作用
直方图法	直方图（Histogram）也称质量分布图、频数图，是将搜集到的工序质量特征数据，即样本数据进行整理，用一系列等宽的矩形来表示数据，宽度表示数据范围的间隔，高度表示在给定间隔内数据的数目，变化的高度表示数据的分布情况，从而显示数据变化的规律。直方图可以用于判断生产过程的稳定性，通过观察图形的散布范围和形状，与正常的图形进行比较，也可以判断是否有波动产生。正常情况下，由相同生产条件得到的数据做成的直方图，其形状是"中间高，两边低，左右近似对称"。而异常的直方图如孤岛型、偏态型、平顶型等模式特征可以对过程要素的异常进行大致的推断
散布图法	散布图（Scatter Diagram）又称相关图，可直观简便地分析两个质量特性之间的相关关系，从而研究两个变量因素之间相关性的常用方法。用散布在直角坐标系上的点表示两个变量之间的相关关系，通过直观地观察点的分布状态，不但可以得到定性的因素相关性结论，而且可以通过观察剔除异常数据，从而提高用数学计算法估算相关程度的准确性
分层法	分层法（Stratification）又称分类法、分组法，是按照一定的标志（如按照时间、按照地点、按照方法、按照设备等），把搜集到的大量有关某一特定主题的统计加以归类、整理和汇总，再进行质量分析的一种方法，其分层的原则是使同一层次内的数据波动幅度尽可能小，而层与层之间的差别尽可能大。分层法通常与其他质量工具结合使用，如分层直方图、分层排列图、分层控制图、分层散布图、分层因果图等。分层的原则是同一层次内的数据波动尽可能小，层与层之间的差异尽可能大
因果图分析法	因果图分析法（Cause and Effect Diagram）又称石川图，是描述、整理、分析通过头脑风暴法产生的质量问题（结果）与质量特性因素（原因）之间的关系，并将它们与特性值一起，按相互关联性整理而成的层次分明、条理清楚的图形，因其形状如鱼刺，故又称鱼刺图（Fishbone Diagram）。通过对质量问题进行全面系统地整理和分析，明确质量特性因素的波动与波动问题之间的因果关系，通过定量评价相关程度对导致波动问题发生的原因进行排序，从而确定波动问题发生的主要原因

3.4.2 质量控制方法

质量控制的主要任务是将约束型、排障型质量特性映射为操控型质量特性,进而从历史波动处理过程中获取备选改进措施,并通过优化和排序备选措施实现产品波动过程冲突的消减。具体概括为复现性分析、备选措施获取、措施仿真和优化、质量计划确定、执行过程监控等主要任务。质量控制方法如表3-5所列。

表3-5　质量控制方法

主要任务	输入质量信息	方法与工具	输出质量信息
复现性分析	波动模式; 质量约束特性集; 质量排障特性集; 波动情境	部件搜索法	波动原因识别难度
		成对比较法	
		产品/过程搜索法	
		变量搜索法	
		全因子设计法	
备选措施获取	质量操控特性集; 质量管理过程约束	灰色关联分析法	备选措施集; 备选措施间的冲突
		试验设计方法	
		田口方法	
措施仿真和优化	备选措施间的冲突; 质量约束特性集	多目标优化与决策	优化措施集
		TRIZ方法	
		QFD	
		层次分析法(AHP)	
		网络分析法(ANP)	
		全因子设计	
		响应曲面法	
		快速原型法	
		计算机辅助工程分析(CAE)	
		面向全过程的设计 (DFX)系列方法	
质量计划确定	质量管理过程约束; 优化措施集	过程决策程序图法	质量计划
		箭条图法	
执行过程监控	质量计划	控制图法	措施执行过程信息
		调查表法	

如表3-5所示,质量控制技术的不同任务需要用到常用质量工具。

(1)"复现性分析"根据具体的质量约束特性集和质量排障特性集,参考实际的波动情境确定波动复现程度,主要应用到部件搜索法、成对比较法、产品/过程搜索法、变量搜索法、全因子设计法。

(2)"备选措施获取"是参考上面步骤得到的质量操控特性集,应用改进措施与质量特性的关联知识,确定备选的改进措施集,并参考具体的质量管理过程约束归纳备选措施间的冲突,主要应用到灰色关联分析法、试验设计方法、田口方法等工具。

(3)"措施仿真和优化"是参考上面步骤得到的质量约束特性集以及备选措施间的冲突,应用冲突消解策略知识、原型试制、数字化仿真等方法,确定优化的改进措施集,主要应用到多目标优化与决策、TRIZ 方法、QFD、AHP、ANP、响应曲面法、快速原型法、CAE、DFX 系列方法。

(4)"质量计划确定"是参考上面步骤得到的优化措施集,参考具体的质量管理过程约束,根据具体生产计划确定质量计划,主要应用到过程决策程序图法、箭条图法。

(5)"执行过程监控"是按照质量计划执行规定活动,并对措施执行过程信息进行详实记录,主要应用到控制图法、调查表法。

此外,通过对类似产品历史波动知识进行归纳总结,将质量特性之间的隐性知识显性化,通过原因分解过程得到的波动改进质量特性就可以直接映射得到可能的波动改进质量特性及其改进成本和预期效果,从而有效利用企业长期生产实践过程中积累的波动改进的措施和经验,辅助再次发生的类似产品波动问题的处理过程,并为全新产品研制质量决策提供有益的参考。针对质量控制技术的研究主要包括军工产品生产阶段集成化质量控制方法与技术研究、生产线波动偏差流技术、小批量过程控制技术、SPC 技术应用研究与推广、供应链质量分析与控制技术研究等。

3.5 质量评价技术

质量评价是指对产品、过程或体系的质量特性进行评估分析,确定是否达到质量要求。质量评价是实现产品过程质量控制的常用手段和方法。通过构建评价工作组,建立评价指标体系,采集评价数据以及评价求解四个步骤实现对产品研制方案、质量管理过程环节提供评价和监督,识别可能存在的问题并提出必要的措施。

3.5.1 质量评价工具

表3-6列出的质量评价工具包括层次分析法、网络分析法、平衡计分卡、标杆法。

表 3 – 6　质量评价工具

质量工具	简介
层次分析法	层次分析法(Analytic Hierarchy Process,AHP)是美国运筹学家 Saaty 教授于 20 世纪 70 年代末提出的一种实用的多方案或多目标的决策方法,其主要特征是将定性与定量的决策结合起来,按照人的决策思维规律把决策过程层次化、数量化。该方法适用于目标层次中相互独立的元素(或方案)的重要度求解与排序,与 QFD 工具联合使用可用于确定相互独立的质量特性间的重要度
网络分析法	网络分析法(Analytic Network Process,ANP)是 Saaty 教授于 1996 提出的一套理论方法。它是将 AHP 法中的层次(Hierarchy)用网络(Network)代替得到的。AHP 法与 ANP 法在结构上的差异在于,AHP 法在层与层之间决策时采用单向的层次关系,而 ANP 法则充分考虑了层与层之间的相关关系。ANP 法不是一种像 AHP 一样的强制的严格层次结构,而是使用反馈系统方法构建决策问题模型。层次关系只是网络的简化和特例。该方法与 QFD 集成,可计算考虑了相互关系的质量特性重要度
平衡计分卡	平衡计分卡(Balanced Scorecard,BSC)由美国著名管理大师卡普兰于 20 世纪 90 年代初提出,作为组织的战略评测工具对部门或团队的绩效进行考核,将公司的战略全面、平衡地落实到可操作的目标和衡量指标上,帮助组织通过基于数据的有效测量现检测执行的绩效,对组织现有战略进行科学的调整及完善。平衡计分卡的核心思想是把企业的使命和战略转变为目标和衡量方法,这些目标和衡量方法包括四个方面:财务、顾客、内部经营过程以及学习和成长。它采用了衡量企业未来业绩的驱动因素的方法。一方面通过财务视角保持对短期业绩的关注,另一方面可明确揭示如何确保长期的财务和竞争业绩
标杆法	标杆法是日本戴明奖和美国波多里奇奖(Malcolm Baldrige National Quality Award,MBNQA)评奖的主要方法。戴明奖创立于 1951 年,分为本奖和实施奖,本奖是授予那些致力于全面质量管理的普及,在数理统计手法的研究方面取得了出色业绩的人士,以及在推进全面质量管理方面做出了突出贡献的人士;实施奖是对企业"开创新的质量管理活动方式"的奖励,要求获奖企业采用独具特色的质量管理方式,从而使业绩水平得到显著提高,同时有义务接受其他企业的参观学习。波多里奇奖是 1987 年在美国前商业部长 Malcolm Baldrige 的提议和资助下建立的。波多里奇奖提倡"追求卓越"的质量理念,获奖组织以经验交流会的方式,公开发表其质量管理经验,作为"标杆"提供给其他组织学习和参照。经过近二十年的实践,波多里奇奖已经成为美国质量管理界的最高荣誉,而且随着它的影响不断扩大,对美国乃至世界的质量管理活动都起到了巨大的推动作用

3.5.2　质量评价方法

　　质量评价的主要任务是按照质量计划执行规定活动,验证和评价改进措施的实际效果和质量目标的完成情况,评价和评估改进措施和波动问题处理方法的可行性与可靠性,根据实际情况更新波动知识。具体概括为质量设计评价、质量控制评价、改进效果评价、知识评价与更新、综合质量评价等主要任务。质量评价方法如表3-7所列。

表3-7 质量评价方法

主要任务	输入质量信息	方法与工具	输出质量信息
质量设计评价	波动模式； 波动现象	模糊聚类分析法 矩阵图法 质量评估法	波动影响严重程度
质量控制评价	措施执行过程信息； 措施执行过程约束	散布图回归分析法 质量评估方法 改进效果检查法 散布图回归分析 粗糙集分析法	质量操控特性集； 措施操控程度
改进效果评价	措施执行过程信息； 质量特性改进目标； 质量管理过程约束	改进效果检查法 散布图回归分析 质量评估方法 粗糙集分析法	波动解决程度
知识评价与更新	质量感知特性集； 质量约束特性集； 质量排障特性集； 质量操控特性集。	多元回归分析 粗糙集分析法 矩阵数据分析法	更新的波动知识
综合质量评价	质量感知特性集； 质量约束特性集； 质量排障特性集； 质量操控特性集	多元回归分析 粗糙集分析法 矩阵数据分析法 质量评估方法	更新的波动知识； 改进策略

如表3-7所示，质量评价工作的不同任务需要用到如下常用质量评价技术。

（1）"质量设计评价"是根据具体的质量波动模式，参考实际的质量波动情境和质量波动现象确定波动质量特性的重要程度，应用到模糊聚类分析法、矩阵图法和质量评估法。

（2）"质量控制评价"是参考上面步骤得到的措施执行过程信息，结合措施执行过程约束评价措施对质量特性的作用程度，确定措施操控程度，从而更新改进措施与质量特性的关联知识，同时全面分析评价质量计划，包括制定计划的预案完备程度、执行过程的方案更改程度，以及对波动问题的实际改进效果，对照改进效果。主要应用到散布图回归分析法、质量评估方法、改进效果检查法、散布图回归分析、粗糙集分析法。

（3）"改进效果评价"是参考上面步骤得到的措施执行过程信息，结合质量管理过程约束，将质量管理结果与质量特性改进目标进行对比确定波动解决程度，从而验证整个波动改进过程的有效性和可靠性，分别更新历史波动、识别方法、分析方法、改进措施与质量特性的关联知识，主要应用到改进效果检查法、散布图回归分析、质量评估方法、粗糙集分析法。

（4）"知识评价与更新"对整个波动改进过程涉及到的感知型、约束型、排障型、操控型质量特性集之间的相关性进行分析，更新质量特性之间的标示关系知识、制约关系知识、支配关系知识、操控关系知识，以及质量特性间的冲突消解策略知识，主要应用到多元回归分析、粗糙集分析法、矩阵数据分析法。

（5）"综合质量评价"是参考上面步骤得到的波动质量特性集，应用改进措施与质量特性的关联知识，确定备选的改进措施集以及系统改进策略，主要应用到多元回归分析、粗糙集分析法、矩阵数据分析法、质量评估方法。

当前，针对质量监督与评价的研究主要包括军工产品质量监督机制与方法研究，军工质量形势分析、评价与预测技术研究，质量保证能力评价技术研究，型号设计过程质量评价方法研究，批产阶段质量综合评价方法研究等。

3.6 质量改进技术

质量改进是质量管理的一部分，致力于增强满足质量要求的能力。质量改进是对某一特定的质量水平进行"突破性"的变革，使其在更高的目标水平下处于相对平衡的状态。

质量改进活动涉及到质量管理的全过程，改进的对象既包括产品（或服务）的质量，也包括各部门的工作质量。改进项目的选择重点，应是长期性的缺陷。产品质量改进是指改进产品自身的缺陷，或是改进与之密切相关事项的工作缺陷的过程。一般来说，应把影响企业质量方针目标实现的主要问题，作为质量改进的选择对象。

质量管理过程的系统改进阶段的主要任务是将当前波动问题的处理信息进行反馈，检查相关过程、型号或单位有无可能发生类似模式或机理的波动，并采取预防措施，同时针对管理上的薄弱环节或漏洞，健全和完善管理体系，从规章制度上避免波动的重复发生。

3.6.1 质量改进工具

关联图法、亲和图法、系统图法、矩阵图法、矩阵数据分析法都属于质量改进基本工具，质量管理基本工具是为弥补质量控制基本工具不能处理非数字信息（语言文字信息）的不足，由日本科学家及工程师联合会（JUSE——Union of Japanese Scientists and Engineers）于1972年组织一些专家学者，运用运筹学和系统工程的原理，经过多年的研究与现场实践后，于1979年正式提出的。因此，质量管理基本工具主要用于整理、分析语言文字资料，帮助人们理清各要素间的复杂关系，抓住问题，找到解决对策。质量改进工具如表3-8所列。

表3-8 质量改进工具

质量工具	简介
关联图法	质量特性因素之间的因果关系包括纵向关系和横向关系，因果图分析法适于分析纵向因果关系，而关联图法（Inter-relationship Diagraph）则适于分析横向因果关系。关联图法又称关系图法，把几个波动问题及涉及这些问题的因素之间的因果关系用箭头连接，分析复杂波动问题之间"原因与结果""目的与手段"等相互关系的一种图表，关联图能够帮助人们分析导致波动问题的质量特性因素之间的横向因果关系，找出解决问题发生的主要原因
亲和图法	亲和图法（Affinity Diagram）又叫KJ法，是日本学者川喜田二郎研究开发并推广的一种质量管理方法，亲和图法主要是一种归纳整理的方法，针对某一波动问题，充分收集各种经验、知识、想法和意见等语言、文字资料，通过亲和图进行汇总，并按其相互亲和性归纳整理这些资料，使问题明确起来，求得统一认识和协调工作，以利于问题解决的一种方法。亲和图法既可用于分析产生问题的原因，也可用于集思广益、提出解决问题的措施
系统图法	系统图法和矩阵图法均可用于波动原因的分解。前者适于单影响因素的多层次分解，后者适于多影响因素的单层次分解。系统图（Systematic Diagram）又称树型图（Tree Diagram），表示某个波动问题与组成要素之间的关系，通过把要实现的目标与需要采取的措施或手段进行系统地展开并绘制成图，一方面对影响因素进行系统展开，另一方面对改进措施进行系统展开。系统图法可以系统地掌握波动改进的实施路线，寻找实现目标的最佳手段，在质量管理中应用广泛，如质量保证体系的建立、各种质量管理措施的开展等
矩阵图法	矩阵图法（Matrix Diagram）是指借助数学矩阵的形式，把多维问题中有相关性的因素列成矩阵图，然后根据矩阵图的特点进行分析，从而确定关键点（或着眼点）的方法。矩阵图法能够综合考虑多个因素来探索问题，在复杂的波动问题中存在许多成对的波动因素，将这些成对因素分别排列成行和列，交点即为表示关联程度的符号，在此基础上再找出存在的波动问题以及波动问题的形态，从而寻找解决问题的思路。在质量管理中，这种方法可用于多因素分析，同时还可以用于寻找新产品研制和老产品改进的着眼点，寻找产品波动问题产生的原因等方面
矩阵数据分析法	矩阵数据分析法（Matrix Data Analysis Chart）就是矩阵图上各元素间的关系可以用定量化数据表示，从而可以准确地整理和分析结果，即用数据表示的矩阵图法。矩阵数据分析法的主要方法为主成分分析法（Principal Component Analysis），利用该方法可从原始数据中获得许多有益的情报。主成分分析法是一种将多个变量化为少数综合变量的一种多元统计方法

质量工具	简介
过程决策程序图法	过程决策程序图法（Process Decision Program Chart，PDPC）是为了改进某个波动问题或达到某个质量目标，在制定质量计划或进行系统设计时，事先预测可能发生的障碍（不理想事态或结果），从而设计出一系列对策措施并制定相应的应变计划，这样在计划执行过程中遇到不利情况时，仍能按第二、第三或其他计划方案进行，从而保证预定目标的最终实现。该法可用于防止重大事故的发生，因此也称为重大事故预测图法
箭条图法	箭条图法（Arrow Diagram）又称网络计划图法（Network Chart），在我国还称为统筹法。它是计划评审法在质量管理中的具体运用，通过将质量计划中各项工作按生产工艺上的时间顺序和生产组织上的从属关系用矢线段连接的网络图，从而找到影响工程进度的关键和非关键因素，使质量计划具有时间进度内容的一种科学管理方法。箭条图法有利于从全局出发统筹协调，抓住关键线路，合理安排利用资源、提高执行质量计划的效率和效益

3.6.2　精益六西格玛技术

六西格玛法（Six Sigma）是在 20 世纪 90 年代中期开始从一种全面质量管理方法演变成为一个高度有效的企业流程设计、改善和优化技术，并提供了一系列同等地适用于设计、生产和服务的新产品开发工具。继而与全球化、产品服务、电子商务等战略齐头并进，成为全世界追求管理卓越性的企业最为重要的战略举措。六西格玛逐步发展成为以顾客为主体来确定企业战略目标和产品开发设计的标尺，追求持续进步的一种质量管理哲学。

精益六西格玛活动可以分为精益改善活动和精益六西格玛项目活动。精益改善活动主要是针对简单问题，这类问题可以直接用精益的方法和工具解决。精益六西格玛项目主要针对复杂问题，它把精益生产的方法和工具与六西格玛的方法和工具结合起来，实施流程采用新的"定义—测量—分析—改进—控制"流程，称为 DMAIC II，它与传统的 DMAIC 过程的区别是它在实施中加入了精益的哲理、方法和工具。

精益生产认为任何生产过程中都存在着各种各样的浪费，必须从顾客的角度出发，应用价值流的分析方法，分析并且去除一切不增加价值的流程。精益思想包括一系列支持方法与技术，包括利用看板拉动的准时生产（Just In Time，JIT）、全面生产维护（Total Productive Maintenance，TPM）、5S 管理法、防错法、快速换模、生产线约束理论、价值分析理论等。六西格玛管理建立在科学的统计理论基础上，它包括两个组成部分，即六西格玛设计和六西格玛改进。它一般采用项目管理的方式，采用 DMAIC 流程分析技术——定义（Define）、测量（Measure）、分析（Analyze）、改进（Improve）、控制（Control）来实现产品和服务质量的持续改进。

精益六西格玛（Lean Six Sigma，LSS）是精益生产与六西格玛管理的结合，其本质是消除浪费。精益六西格玛管理的目的是通过整合精益生产与六西格玛管理,吸收两种生产模式的优点,弥补单个生产模式的不足,达到更佳的管理效果。精益六西格玛不是精益生产和六西格玛的简单相加,而是二者的互相补充、有机结合。

3.6.3 质量改进方法

质量改进的步骤本身是一个问题归零循环,包括计划(Plan)、实施(Do)、检查(Check)、处置(Action)四个阶段。具体概括为计划评价与改进、波动传播分析、波动传播预防、质量资源配置、管理体系改进等主要任务。质量改进方法如表3-9所列。

表3-9 质量改进方法

主要任务	输入质量信息	方法与工具	输出质量信息
计划评价与改进	质量管理过程约束; 质量计划	质量评估方法	质量计划更改信息; 改进的质量计划
		粗糙集分析法	
波动传播分析	质量感知特性集; 质量约束特性集; 质量排障特性集; 质量操控特性集	基准信息链	质量波动特性集
		波动链分析模型	
波动情境预防	备选改进措施集; 产品性能、组件、过程、组织的结构	平衡计分卡	针对具体波动情境的预防措施
		卓越绩效评价准则	
		部件搜索法	
		成对比较法	
		产品/过程搜索法	
		变量搜索法	
		全因子设计法	
质量资源配置	质量感知特性集; 波动特征; 波动情境	头脑风暴法	质量约束特性集; 质量资源与方法
		散布图法	
		关联图法	
		亲和图法	
		矩阵图法	
		矩阵数据分析法	
		多变量图法	
		集中图法	
管理体系改进	企业质量管理体系; 改进策略	标杆法	体系改进计划和措施
		六西格玛法	

如表3-9所示,质量改进技术的不同任务需要用到常用质量工具。

(1)"计划评价与改进"是参考上面步骤得到的质量计划,参考具体的质量管理过程约束,组织波动过程的相关责任方进行评估和更改,确定改进的质量计划,主要应用到质量评估方法、粗糙集分析法。

(2)"波动传播分析"是对整个波动改进过程涉及到的感知型、约束型、排障型、操控型质量特性集之间的波动相关性进行分析,应用质量特性之间的标示关系知识、操控关系知识、支配关系知识、确定可能受到波动的质量特性集,主要应用到基准信息链、波动链分析模型。

(3)"波动情境预防"是应用波动情境与质量特性的关联知识,按照产品性能、组件、过程、组织的结构将上面步骤得到的备选改进措施集进行分解和分配,从而得到针对具体波动情境的预防措施,主要应用到平衡计分卡、卓越绩效评价准则、部件搜索法、成对比较法、产品/过程搜索法、变量搜索法、全因子设计法。

(4)"质量资源配置"是参考上面步骤得到的波动质量特性集,应用质量特性演化理论与质量特性的关联知识确定质量约束特性集,并参考具体的波动特征和波动情境,确定完成具体质量目标的质量资源和方法,主要应用到头脑风暴法(Brain Storming)、散布图法、关联图法、亲和图法、矩阵图法、矩阵数据分析法、多变量图法、集中图法。

(5)"管理体系改进"对企业质量管理体系进行整体评价和分析,应用冲突消解策略知识,将上面步骤得到的改进策略转化为体系改进计划和措施,主要应用到标杆法、六西格玛法。通过编写产品试验规程、检查规程,具体规定产品在生产过程中应进行控制和监督的有关质量的计量方法和计测检查手段。修订质量设计指南,将质量设计工作中取得的新成果补充进去。质量设计指南是根据检查标准、技术标准、作业标准、设备参考资料等汇总质量设计方面有用的项目和数据而编成的参考手册。

此外,通过对类似产品历史波动知识进行归纳总结,将质量感知特性、质量约束特性、质量操控特性之间的隐性知识显性化,通过质量感知特性的波动就可以直接推理和预测得到质量约束特性和质量操控特性的波动,进而预测和改进产品过程及企业管理中的薄弱环节,从而持续提高企业的产品创新能力。

参考文献

[1] Johnson, CN. The benefits of PDCA – Use this cycle for continual process improvement [J]. Quality Progress. 2002,35(5):120 - 120.

[2] 朱兰 JM. 朱兰质量手册[M]. 焦叔斌,等,译. 北京:中国人民大学出版社, 2003.

[3] 张公绪,孙静. 质量工程师手册[M]. 北京:企业管理出版社, 2003.

［4］ 洪生伟．质量工程学［M］．北京:机械工业出版社,2007.

［5］ 菲根堡姆 AV．全面质量管理［M］．杨文士,等,译．北京:机械工业出版社,2000.

［6］ 张公绪,孙静．新编质量管理学［M］．北京:高等教育出版社,2003.

［7］ 苏秦．现代质量管理学［M］．北京:清华大学出版社,2005.

［8］ S．托马斯．福斯特．质量管理—集成的方法［M］．何祯,译．北京:中国人民大学出版社,2006.

［9］ 弗兰克．M．格里纳．质量策划与分析［M］．何祯,译．北京:中国人民大学出版社,2005.

第4章 质量形成技术

本章要点:剖析质量形成的任务,引出开展这些任务的技术需求,然后结合体系框架,按照现代科学技术三层构成原理及框架,给出了包括基础理论、基础技术与应用技术的质量形成技术框架,考虑到专用特性形成技术已在3.3节介绍,本章将对典型的通用质量特性形成技术做简要介绍。

4.1 质量形成任务及技术特点

在现代质量观中,产品的质量除了功能性外,还包括可靠性、耐久性、环境适应性、维修性、测试性、保障性和安全性等重要属性。它们是产品质量的重要载体,没有这些特性的支撑,只有功能的产品没有任何质量可言。认真研究和分析这些属性可以发现,除了性能属性以外,其他属性均直接或间接与故障密切相关,如可靠性、耐久性与环境适应性从不同角度描述了产品不出故障的能力。维修性描述了便于预防和修复产品故障的能力,测试性则描述了诊断产品故障的能力,上述属性均与故障直接相关。而保障性和安全性与故障存在部分相关性,即保障性包含了针对故障的维修保障能力,安全性包含了产品故障安全能力。这些属性统称为故障相关属性。

因此,质量形成技术就是以"产品故障"为核心,与故障相关的理论和技术的一门相对独立的工程技术学科,又称为可靠性系统工程技术。其定义如下:质量形成技术是研究产品全寿命过程中与故障作斗争的科学体系,它从系统的整体性及其同外界环境的辩证关系出发,研究产品发生故障的机理与规律,预防、控制与修复产品故障的理论与方法,并运用这些机理与规律、理论与方法开展一系列相关的技术与管理活动。

质量形成技术具有以下基本特性:

(1)整体性:是一个有机的整体,包含了与产品故障相关的完整的理论与技术。

(2)综合性:具有空间和时间上的综合性,在空间上是各类产品形态(硬件、软件等)和各产品层次的综合,在时间上是产品寿命周期各阶段的综合。

(3)择优性:具有可以量化的目标(可用性、完好性、任务成功性、维修保障费用等),故可以进行综合权衡与优化。

（4）社会性：既包括技术又包括管理，它的工作对象是物（产品）、事（工作）和人，且与外界环境有紧密的交联与相互影响。

4.2　质量形成技术框架

4.2.1　框架概述

作为一门相对独立的质量工程技术子学科，质量形成技术也具有基础理论、基础技术和应用技术等层次框架。质量形成技术的基础理论主要是指对故障规律的认识，包括认识故障发生的规律和故障表现的规律。质量形成技术的基础技术是在基础理论上发展起来的故障预防技术、故障控制技术和故障修复技术。应用技术是指在基础理论与基础技术之上形成的可用于产品的综合论证（需求分析）、设计与分析、试验与评价、生产保证、运用与保障的可靠性系统工程应用技术，这些技术可构成质量形成与应用能力。质量形成技术的框架如图4-1所示。

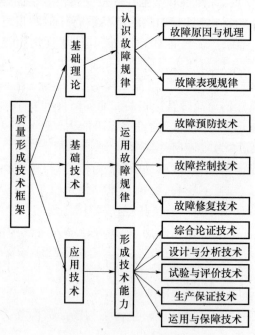

图4-1　质量形成技术框架

4.2.2　基础理论

质量形成技术把故障作为研究对象，因此对故障规律的认识和运用，就应该成为本学科的基础理论。把这种基础理论定义为故障学(Failurology)。

故障学是研究和运用故障的系统特性与系统规律的方法学。它从产品的系统性出发,研究故障的发生与发展的基本规律,为预防、预测、诊断和修复故障提供基础理论。

当我们完成了产品设计和生产时,我们可以说已基本掌握了产品如何运行并实现其功能的规律,但很难说掌握了产品如何故障并丧失其功能的规律。所以,我们可以认为故障是产品的基本行为。为了认识、预防和消除故障这一产品的基本行为,我们必须揭示产品何时以何种方式故障的基本规律,研究预防故障的方法学,开发故障预测与诊断的技术与方法,运用维修技术和资源修复故障,即充分认识和正确运用故障规律,在产品全寿命过程中预防与控制故障。

故障学揭示故障的共性基本规律,并不依赖具体的产品类型。即无论一个元器件,还是一个电子设备,还是一个复杂的装备体系,均具有共性的故障规律,发现和研究这些规律,是故障学的主要任务。

如果把故障与人的疾病作对比,故障模式相当于病症,故障机理相当于病理。如果不知道病理,是很难对症下药的。因此,如果没有对故障机理和规律的认识,是无法进行故障预防、故障预测、故障诊断与故障修复的。因此,故障学是对故障的必然性和规律性的研究,是对故障本质的认识与升华。

一个故障事件是内因与外因共同作用的结果,典型硬件产品故障内涵如图4-2所示。内因主要包括产品所用的材料(原料)、产品的结构(机械结构、电路结构等)和产品的生产工艺。外因主要包括产品的使用模式、产品使用过程中所经历的环境条件和人为因素。揭示内因与外因的非线性耦合作用导致故障的规律是故障学要研究的首要问题。

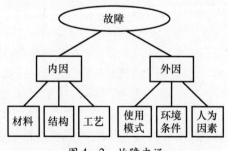

图4-2 故障内涵

要解决这个问题取决于对故障规律的认识。迄今为止,国内外学者主要从三个方面研究和认识故障规律,其一就是认为故障具有随机性,因而可以用基于概率论的随机性模型进行描述,即所谓可靠性数学,从而诞生了基于概率论和数理统计理论的可靠性工程;其二认为故障具有确定性,因而可以用基于失效物理的确定性模型加以描述,即可靠性物理,从而诞生了基于失效物理的可靠性工程;其三,近年来又有学者认为故障具有模糊性,因而可以用基于模糊数学的模糊性模型来描述,从而可能产生模糊可靠性工程。

故障的确定性、随机性和模糊性是相对的,是随着研究对象(产品)的尺度而变化的。当在宏观尺度上考察研究对象时,故障机理更多地呈现出随机性和模糊性,而当在微观尺度上考察研究对象时,故障机理更多地具有确定性。因此,描述故障机理的模型应该是考虑了确定性、随机性和模糊性的综合模型。

在宏观上运用系统科学的理论,在微观上运用故障物理的理论,综合研究故障的规律是故障学基础理论的发展方向。

4.2.3 基础技术

基础技术包括故障预防技术、故障预测技术、故障诊断技术和故障修复技术。

1. 故障预防技术

故障预防技术主要研究在产品的设计、生产和使用全寿命周期各阶段预防故障的理论与方法。预防故障的发生是可靠性系统工程的首要目的。基于故障的确定性或/和随机性或/和模糊性,可以产生不同的故障预防理论与方法。在基于概率论的可靠性工程中,可靠性设计、耐久性设计、耐环境设计、健壮设计、可靠性试验等都属于在设计阶段采取的预防故障的方法,统计过程控制属于在生产过程中预防故障的方法,以可靠性为中心的维修属于在使用阶段预防故障的方法。而基于故障物理的故障预防技术与方法尚在发展中,基于模糊性的故障预防技术与方法则刚起步。

综合考虑故障的确定性或/和随机性或/和模糊性,形成完整的故障预防技术是质量形成技术的研究重点之一。

2. 故障预测技术

故障预测技术主要研究在产品实际使用条件下准确地预测每一个产品的故障的理论与方法。故障预测是质量形成技术研究最令人憧憬的结果。但是要预测故障,必须掌握故障产生、发展到最终发生的规律,建立故障预测模型,根据产品的使用方式、环境条件等外部原因的变化情况,实时准确地预测产品的故障行为,即什么时间以什么方式发生故障。在这个方向上,基于概率的故障率水平预测难以给出产品个体的预测结果,基于故障物理的故障预测模型将是重点研究方向。

3. 故障诊断技术

故障诊断技术主要研究产品一旦发生故障即可进行及时检测与隔离的理论与方法。故障诊断技术相对于故障预防和预测技术,发展得较为完善,特别是针对电子产品已形成相对成熟的理论与方法。

4. 故障修复技术

故障修复技术主要研究修复故障的理论与方法,包括了修复故障的具体技术、修复故障的程序和为修复故障而需要的备件、工具、设备、人力人员的筹措方法。

4.2.4 应用技术

质量形成技术的应用技术是指在基础理论与基础技术之上形成的支撑可靠性等通用质量特性形成的综合论证技术、设计与分析技术、试验与验证技术、生产保证技术和运用与保障技术,如图4-3所示。这些技术最终为形成通用质量特性的标准与规范、工具与设备、组织与管理方法提供坚实的技术支持。

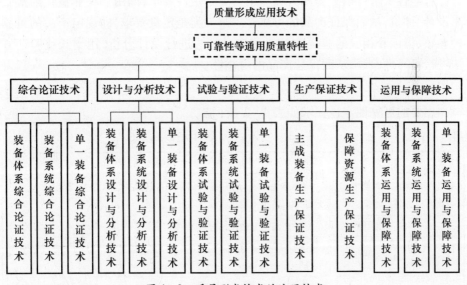

图4-3 质量形成技术的应用技术

4.3 可靠性技术

4.3.1 概述

可靠性技术是装备全系统、全寿命管理工作的一个重要组成部分,它包括可靠性要求的确定、可靠性设计与分析、可靠性试验与评价、可靠性管理等工作,涉及型号的论证阶段、方案阶段、工程研制阶段、生产与部署阶段和使用阶段,适用于装备系统、装备、系统、子系统、设备、元器件与零部件等各个产品层次,以及电子、机电、光电、机械、结构、软件等不同的产品类型。

可靠性技术是研究产品寿命周期全过程中同产品故障作斗争的一门工程技术。它运用系统科学与系统工程的理论和方法,从系统的整体性及其同外界环境的辩证关系出发,研究故障发生的机理、故障预防、预测、诊断与修复的理论与方法,并运用这些机理与规律、理论与方法开展一系列相关的技术和管理活动,防止、控制故障的发生与发展,提高产品的固有可靠性水平,达到"优生"的目的。

4.3.2 可靠性要求论证

可靠性要求是进行可靠性设计、分析、试验和验收的依据。正确、科学地确定各项可靠性要求是一项重要而复杂的系统工程工作。设计人员只有在透彻地了解了这些要求后,才能将可靠性正确地设计到产品中去。

可靠性要求可以分为两大类。第一类是定性要求,即用一种非量化的形式来设计、评价,从而保证产品的可靠性。第二类是定量要求,即规定产品的可靠性参数、指标和相应的验证方法。用定量方法进行设计分析,用增长或验证方法进行可靠性验证,从而保证产品的可靠性。

1. 定性要求

主要的可靠性定性要求如表4-1所列。

表4-1 主要的可靠性定性要求

序号	要求名称	目的
1	制定和贯彻可靠性设计准则	将可靠性要求及使用中的约束条件转换为设计条件,给设计人员规定了专门的技术要求和设计原则,以提高产品可靠性
2	简化设计	减少产品的复杂性,提高其基本可靠性
3	余度设计	用多于一种的途径来完成规定的功能,以提高产品的任务可靠性和安全性
4	降额设计	降低元器件、零部件的故障率,提高产品的基本可靠性、任务可靠性和安全性
5	元器件、零部件、原材料的选择与控制	对电子元器件、机械零部件、原材料进行正确的选择与控制,提高产品可靠性,降低保障费用
6	确定关键件和重要件	把有限的资源用于提高关键产品的可靠性
7	环境防护设计	选择能减轻环境作用或影响的设计方案和材料,或提出一些能改变环境的方案,或把环境应力控制在可接受的范围内
8	热设计	通过元器件选择、电路设计、结构设计、布局来减少温度对产品可靠性的影响,使产品能在较宽的温度范围内可靠地工作
9	包装、装卸、运输、贮存等设计	通过对产品在包装、装卸、运输、贮存期间性能变化情况的分析,确定应采取的保护措施,从而提高其可靠性

2. 定量要求

典型的可靠性参数如表 4 - 2 所列。

表 4 - 2 典型的可靠性参数

	可靠性参数	类型		定义
		使用参数	合同参数	
基本可靠性	平均故障间隔时间（MTBF）		√	在规定的条件下和规定的时间内,产品的寿命单位总数与故障总次数之比
	故障率 $\lambda(t)$		√	在规定的条件下和规定的时间内,产品的故障总数与寿命单位总数之比,有时亦称失效率,当产品寿命服从指数分布时 λ 等于常数
任务可靠性	任务可靠度 $R_m(t_m)$	√		产品在规定的任务剖面内完成规定功能的概率
	平均严重故障间隔时间（MTBCF）		√	在规定的一系列任务剖面中,产品任务总时间与严重故障总数之比
耐久性	首次大修期（TTFO）		√	在规定的条件下,产品从开始使用到首次大修的寿命单位数（工作时间和（或）日历持续时间）
	贮存寿命（STL）	√		产品在规定的贮存条件下能满足规定要求的贮存期限

当产品寿命服从指数分布时,可靠性参数之间存在如下关系:

$$\lambda(t) = \lambda \tag{4-1}$$

$$T_{BF} = 1/\lambda \tag{4-2}$$

$$R(t) = e^{-\lambda t} = e^{-t/T_{BF}} \tag{4-3}$$

4.3.3 可靠性设计与分析

开展可靠性设计与分析工作的目的是确保新研和改型的装备达到规定的可靠性要求,保持和提高现役装备的可靠性水平,以满足提高装备战备完好性和任务成功性、减少寿命周期费用、降低对保障资源等的要求。军方应在作战效能分析的基础上提出对装备可靠性的要求,并根据装备类型、特点、所处研制阶段、复杂程度、新技术含量、费用、进度以及装备数量等要求,依据 GJB 450A—2004《装备可靠性工作通用要求》,选择确定效费比高的可靠性工作项目,并将其纳入合同文件。

产品的可靠性首先是设计出来的,研制单位通过可靠性设计与分析工作,将基本可靠性、任务可靠性及耐久性要求设计到型号中去。认真做好产品的可靠性设计工作,是提高和保证产品可靠性的根本措施。根据不同的产品类型和特点,可以采用各种不同的可靠性设计与分析方法。按 GJB 450A—2004《装备可靠性工作通用要求》,可靠性设计分析工作项目共有 12 项,包括:建立可靠性模型,可靠性分配,可靠性预计,故障模式影响与危害性分析(FMECA),故障树分析(FTA),潜在分析,电路容差分析,确定功能测试、包装、装卸、运输和维修对产品的影响,有限元分析和耐久性分析,制定和贯彻可靠性设计准则,元器件、零部件和原材料选择,确定可靠性关键产品。下面对其中部分工作项目作简要介绍。

1. 建立可靠性模型

建立产品的可靠性模型,用于定量分配、预计和评价产品的可靠性。可靠性模型包括可靠性框图和相应的数学模型。可靠性框图是:对于复杂产品的一个或一个以上的功能模式,用方框表示的各组成部分的故障或它们的组合如何导致产品故障的逻辑图。典型的可靠性模型类型如图 4 -4 所示。

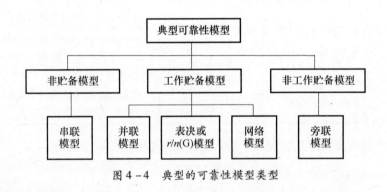

图 4 - 4 典型的可靠性模型类型

2. 可靠性分配

可靠性分配是把装备的可靠性规定值(目标值)及最低可接受值(门限值)分给系统、分系统、设备、组件。这是一个从总体到局部、由上到下的分解过程。其主要目的是:分配给各层次产品可靠性指标的规定值,使各级设计人员明确其可靠性设计要求,并研究实现这些要求的可能性及办法。所分配的最低可接受值也是可靠性鉴定与验收的依据。工程中常用的无约束条件下可靠性分配方法如表 4 -3 所列。

表 4 - 3 工程中常用的无约束条件下可靠性分配方法

序号	分配方法	适用范围	简要说明
1	比例分配法	基本可靠性分配	根据产品中各单元预计的故障率占产品预计故障率的比例进行分配

序号	分配方法	适用范围	简要说明
2	评分分配法	基本或任务可靠性分配	专家根据经验,按几种因素(如复杂度、重要度、环境、技术水平等)对各单元进行评分,按各单元的相对分值进行分配
3	重要度、复杂度分配法	基本或任务可靠性分配	根据产品中各单元的复杂度(如元器件、零部件数量)及重要度(该单元故障对产品的影响)进行分配

3. 可靠性预计

可靠性预计是根据组成装备的元器件、组件、设备、分系统、系统的可靠性来推测装备的可靠性。这是一个从局部到总体、由下向上的综合过程。在型号寿命周期的方案论证和工程研制阶段要反复进行多次。在签订协作配套研制合同后,可靠性预计工作还要随产品技术状态的变化而反复进行,直到设计定型。可靠性分配和预计的关系如图4-5所示。

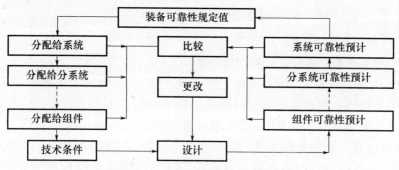

图4-5 可靠性分配和预计的关系

工程中常用的可靠性预计方法如表4-4所列。

表4-4 工程中常用的可靠性预计方法

序号	预计方法	适用范围	适用阶段	简要说明
1	元件计数法	电子类产品;基本可靠性预计	方案设计及初步设计	根据元器件的品种及一般的质量要求,查 GJB/Z 299C(国内元器件)或 MIL-HDBK-217F(国外元器件),得到各元器件故障率数据,按产品中各种元器件数量将其故障率相加
2	应力分析法	电子类产品;基本可靠性预计	详细设计	根据元器件的品种、质量水平、工作应力及环境应力等因素,查 GJB/Z 299C 或 MIL-HDBK-217F,得到各元器件故障率数据,按产品中各种元器件数量将这些故障率相加

序号	预计方法	适用范围	适用阶段	简要说明
3	故障率预计法	机械、电子、机电类产品；要求组成产品的所有单元均有故障率数据；基本或任务可靠性预计	详细设计	根据产品原理图及功能，建立其可靠性模型，输入各单元的故障率数据进行计算
4	相似产品法（含相似电路、相似设备）	机械、电子、机电类产品；具有相似产品的可靠性数据；基本或任务可靠性预计	方案设计及初步设计	将研制的新产品与其可靠性已知的相似产品进行比较
5	评分法	机械、机电类产品；产品中仅个别单元有故障率数据；基本或任务可靠性预计	方案设计及初步设计	专家根据其经验，按几种因素（如复杂度、环境、技术水平等）对产品的各单元进行评分。通过已知故障率单元的数据，推算出其他单元的故障率，按数学公式算出产品的故障率

4. 故障模式影响及危害性分析（FMECA）

FMECA 是一种自下而上（由元器件到系统）的故障因果关系的单因素分析方法。它是一种最重要的预防故障发生的分析工具。FMECA 方法为人们提供了一种规范化、标准化、系统的有效分析工具。系统地分析零件、元器件、设备所有可能的故障模式、故障原因及后果，以便发现设计、生产中的薄弱环节，加以改进以提高产品的可靠性。FMECA 方法广泛应用于可靠性、维修性、测试性、保障性和安全性工作中。常见的 FMECA 类型主要分为设计 FMECA 和过程 FMECA 等类型，也可以进一步细分为功能 FMECA、硬件 FME-CA、软件 FMECA 和损坏模式及影响分析 DMEA。故障模式影响分析（FMEA）一般是通过填写 FMEA 表格进行，常用的硬件 FMEA 表及其填写内容，如表 4 - 5 所列。

FMECA 是在 FMEA 基础上做危害性分析，常用的方法包括风险优先数法和危害性分析法。

1）风险优先数法（RPN）

风险优先数是事件发生的概率、严酷度和检测难度等级三者乘积，其数值越大潜在问题越严重，用来衡量可能的缺陷，以便采取可能的预防措施减少关键波动，比较分析结果，并对矫正措施的问题进行排序。

使用 RPN 方法进行风险评估时，需要对每一个故障的严酷度、发生概率和检测难度进行定级，并根据三个因素的等级来计算 RPN。

RPN = 严酷度等级 × 发生概率等级 × 检测难度等级

表 4－5 硬件故障模式及影响分析（FMEA）表

初始约定层次＿＿＿
约定层次＿＿＿
任务＿＿＿
分析人员＿＿＿
审核＿＿＿ 批准＿＿＿
第 页·共 页
填表日期＿＿＿

代码	产品或功能标志	功能	故障模式	故障原因	任务阶段与工作方式	故障影响			严酷度类别	故障检测方法	设计改进措施	使用补偿措施	备注
						局部影响	高一层次影响	最终影响					
对每个产品采用一种编码体系进行标识	记录被分析产品或功能的名称与标志	简要描述产品所具有的主要功能	根据故障模式分析的结果，依次填写每个产品的所有故障模式	依次填写每个故障模式的所有故障原因	根据任务剖面依次填写故障发生时的任务阶段与该阶段内产品的工作方式	根据故障影响分析的结果，依次填写每一个故障模式对局部、高一层次和最终影响并分别填入对应栏			按每个故障模式后果的严酷程度确定其严酷度类别	根据产品故障原因、影响等分析结果，依次填写故障检测方法	根据故障检测等分析结果填写设计改进与补偿措施	使用补偿措施	简要记录对其他栏的注释和补充说明

2) 危害性分析法(CA)

危害性分析法可以分为定性与定量分析两种。

定性分析是绘制危害性矩阵,如图4-6所示。危害性矩阵用来确定和比较每一种故障模式的危害程度,进而为确定改进措施的先后顺序提供依据。危害性矩阵的横坐标是严酷度类别,纵坐标是故障模式发生概率等级。其中A级是经常发生的;B级是有时发生的;C级是偶然发生的;D级是很少发生的;E级是极少发生的,可按统计或经验确定。从图中所标记的故障模式分布点向对角线作垂线,以该垂线与对角线的交点到原点的距离作为度量故障模式危害性大小的依据。距离越长其危害性越大,应尽快采取改进措施。图中01距离比02大,则故障模式M_1危害性更大。

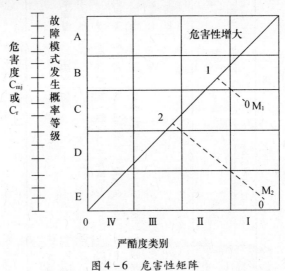

图4-6 危害性矩阵

定量分析是计算故障模式危害度(C_m)和产品危害度(C_r),并填写危害性分析表。

5. 故障树分析(FTA)

故障树分析是通过对可能造成产品故障事件(顶事件)的硬件、软件、环境、人为因素进行多因素分析,画出故障树,从而确定产品故障原因的各种可能组合方式和(或)其发生概率的一种分析技术。其目的是帮助判明潜在的故障或计算产品发生故障的概率,以便采取相应的改进设计措施,也可用于指导故障诊断、改进运行和维修方案。工程中常用的故障树符号如表4-6所列。

例如,当飞机发动机发生故障不能飞行时,可以对相关因素进行分析,画出故障树,如图4-7所示。

表4-6　工程中常用的故障树符号

分类	符号	说明
事件	矩形	顶事件或中间事件
	圆形	底事件,代表部件的故障模式;部件故障;软件故障;人及环境影响等
	菱形	未展开事件,其输入无须进一步分析或无法分析的事件
逻辑门	与门	仅当所有输入事件发生时,输出事件才发生
	或门	至少一个输入事件发生时,输出事件就发生
	表决门 r/n	当 n 个输入事件中有 r 或 r 个以上的事件发生,输出事件才发生 $(1 \leqslant r \leqslant n)$
	禁门　禁门打开的条件	当禁门打开条件事件发生时,输入事件方导致输出事件的发生
子树转移	转入　转出	将树的一个完整部分(子树)转移到另一处复用,用 A 作标记

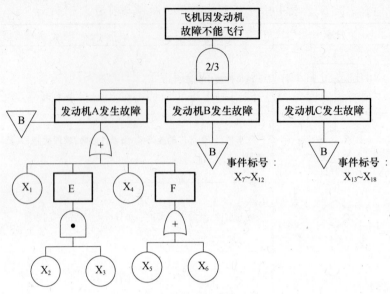

图4-7 飞机发动机故障不能飞行的故障树

故障树分析可以分为定性分析和定量分析两种。

定性分析的目的在于寻找导致顶事件发生的原因和原因组合,识别导致顶事件发生的所有故障模式,即找出全部最小割集,它可以帮助判明潜在的故障,以便改进设计。可以用下行法或上行法求最小割集。

定量分析方法包括计算顶事件发生概率的近似值方法和概率重要度分析。计算顶事件发生概率的近似值方法是根据底事件的发生概率,按故障树的逻辑门关系,计算出顶事件发生概率的近似值。概率重要度分析是考虑到,系统中各元部件并不是同样重要的,有的元部件故障就会引起系统故障,有的则不然。一般认为,一个部件或最小割集对顶事件发生的贡献称为重要度。重要度有很多种,其中概率重要度可用于指导改进设计的顺序。

6. 潜在分析

潜在分析的目的是在假设所有部件功能均处于正常工作的状态下,确定造成能引起非期望的功能或抑制所期望的功能的潜在状态。大多数潜在状态只有在某种特定条件下才会出现,因此,在多数情况下很难通过试验来发现。潜在分析是一种有用的工程方法,它以设计和制造资料为依据,可用于识别潜在状态、图样差错以及与设计有关的问题。通常不考虑环境变化的影响,也不去识别由于硬件故障、工作异常或对环境敏感而引起的潜在状态。

潜在分析应在系统设计基本完成,数据能完整提供的情况下,尽可能早地进行。最理想的时机是已完成试样或正样机定型之前。

根据分析对象,潜在分析可分为:针对电路的潜在电路分析(SCA)、针对软件的潜在分析对象和针对液、气管路的潜在通路分析。选择的原则是对任务和安全关键的产品要求进行潜在分析。

　　我国的潜在分析工作起步较晚,主要着重于潜在电路分析方面。潜在电路分析的主要方法有两种:基于网络树生成的拓扑模式识别的分析方法和基于功能节点识别和路径追踪的分析方法。有关软件、液、气管路的潜在通路分析可参考标准 QJ3217《潜在分析方法与程序》。

7. 电路容差分析

　　符合规范要求的元器件容差的累积会使电路、组件或产品的输出超差,在这种情况下,故障隔离无法指出某个元器件是否故障或输入是否正常。为消除这种现象,应进行元器件和电路的容差分析。这种分析是在电路节点和输入、输出点上,在规定的使用温度范围内,检测元器件和电路的电参数容差和寄生参数的影响。这种分析可以确定产品性能和可靠性问题,以便在投入生产前得到经济有效的解决。

　　电路容差分析的主要目的是分析电路的组成部分在规定的使用温度范围内其参数偏差和寄生参数对电路性能容差的影响,根据分析结果提出相应的改进措施。电路容差分析的工作量大,费时费钱,通常需要软件、硬件、元器件模型库以及有关数据库的支持,且需要一定的技术水平,所以一般仅在可靠性、安全性关键电路上应用。功率电路(如电源和伺服装置)通常是关键的,较低的功率电路(如中频放大器)一般也是关键的。电路容差分析的最佳时机应在完成电路初步设计,获得设计、材料、元器件等方面详细信息后进行。一般在完成FMECA 之后进行,此时已明确了产品的主要设计薄弱环节。在产品研制过程中,当电路设计更改后,应重新进行容差分析。

8. 元器件、零部件和原材料的选择

　　从可靠性角度对元器件、零部件和原材料进行优选,并做到正确使用,以保证产品的固有可靠性和提高使用可靠性,降低保障费用和寿命周期费用。元器件、零部件和原材料的选择原则有:

　　(1)元器件、零部件和原材料的技术标准(包括技术性能指标、质量等级等)应满足装备的要求;

　　(2)选择经过实践证明质量稳定、可靠性高、有发展前途的标准元器件、标准零部件和原材料,不允许选择淘汰品种以及按规定禁用的元器件;

　　(3)在满足性能、质量要求前提下,应优先选用国产元器件、原材料。

9. 有限元分析

　　有限元分析的目的是在设计过程中对产品的力学特性和热特性等进行分析和评价,尽早发现承载结构和材料的薄弱环节及产品的过热部分,以便及时

采取设计改进措施。当产品或项目的研制进展到材料和设计特性能清晰确定时进行有限元分析最为有效。一般是在初始设计方案之后，产品详细设计完成之前进行。

有限元分析的主要概念和方法包括：

（1）有限元法。有限元法是将连续体离散化的一种近似求解法，其理论基础是变分原理、连续体剖分与分片插值。即首先找到对所求解的数学物理问题的变分表示，对于固体力学问题是写出其总能量表示式，然后将问题的求解区域剖分成有限个小单元的集合，在单元内用分片插值表示物理函数的分布，再求解离散后的代数方程得到物理函数的数值解。

（2）随机有限元法。传统的有限元方法不能考虑变量的随机性，这样限制了它在可靠性分析中的应用，为此产生了随机有限元或称概率有限元的思想。这种方法可以计算和评价系统的可靠性，它类似于一般的有限元分析，但在分析中考虑了变量的不确定性。

10. 耐久性分析

耐久性是可靠性的一种特性，它和一般可靠性的区别是用耗损故障发生前的时间（寿命）来度量。因此研究耐久性，也就是研究耗损故障寿命。耐久性分析可用于产品设计，识别产品的失效规律，从而决定材料、零部件的选用和设计；还可度量产品的寿命，用于产品的定寿或延寿评定。耐久性分析主要目的是发现可能过早发生耗损故障的零部件，确定故障的根本原因和可能采取的纠正措施。耐久性分析可适用于工作寿命和贮存寿命的研究，工作寿命是指产品在失效前的工作时间，产品在规定的贮存条件下能满足规定要求的贮存期限就是贮存寿命。

耐久性分析可以在零部件或工艺规程被确认后的任何时间进行。最好在设计/研制初期就对关键件进行耐久性分析。要想确定或延长产品的使用寿命，必要时应在产品设计/研制期间，或在产品接近耗损之前进行分析。

4.3.4　可靠性试验与评价

可靠性试验与评价是为了了解、分析、提高、评价产品的可靠性而进行的工作的总称。可靠性试验的目的，一方面是为了发现产品设计、工艺方面的缺陷，为产品的改进提供依据，另一方面是为了获取评价产品的可靠性水平所需的数据资料。可靠性评价的目的是对通过各种途径所获取的可靠性数据，按规定的要求进行综合分析并提出产品实际能达到的可靠性量值或范围，再进一步与期望的可靠性要求进行比较，以便对与产品的可靠性相关的工程活动做出决策。按试验的目的分类，可靠性试验可分为工程试验与统计试验。工程试验的目的是为了暴露产品设计、工艺、元器件、原材料等方面存在的缺陷，采取措施加以改进,以提高产品的可靠性。工程试验包括环境应力筛选、可靠性研制试验与可靠性增长试验。统计试验的目的是为了验证产品的可靠性或寿命是否达到了规定的要求,如可靠性鉴定试验、可靠性验收试验、可靠性分析评价试验、寿命试验。按 GJB 450A—2004《装备可靠性工作通用要求》,可靠性试验与评价分为两大类 7 个工作项目,如图 4-8 所示。

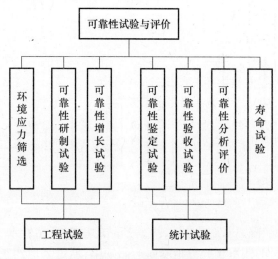

图 4-8　可靠性试验类别

1. 环境应力筛选(ESS)

环境应力筛选的目的是:在产品出厂前,将环境应力施加到产品上,使产品的潜在缺陷加速发展成为早期故障,并加以排除,从而提高产品的可靠性。所以环境应力筛选是一种剔除产品潜在缺陷的手段,也是一种检验工艺。

环境应力筛选施加于产品的应力主要用于激发故障,而不是模拟使用环境。根据以往的实践经验,不是所有应力在激发产品内部缺陷方面都有效,因此通常仅用几种典型应力进行筛选。

常用的应力及其强度、费用和筛选效果表明应力强度高、筛选效果好的是快速温变率的温度循环、随机振动及其两者的组合或综合。

图 4-9 是各种筛选应力效果比较图,是国外对 13 种应力的筛选效果有限统计得出的,有一定的代表性。它说明温度循环是最有效的筛选应力,其次是随机振动。但这两种应力激发的缺陷种类不完全相同,两者不能相互取代。

环境应力筛选实施过程包括:试验前准备工作、初始性能检测、寻找和排除故障及无故障检验、最后性能检测四个阶段。

2. 可靠性研制试验

可靠性研制试验的目的是通过对产品施加适当的环境应力、工作载荷,寻

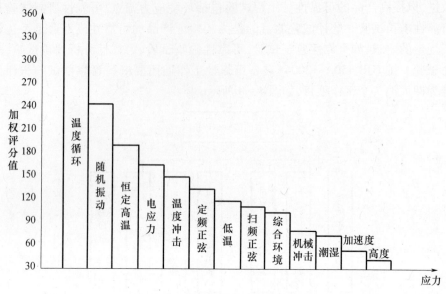

图 4-9　各种应力筛选效果的比较

找产品中的设计缺陷,以改进设计,提高产品的固有可靠性水平。在研制阶段的前期,其试验目的侧重于充分地暴露产品缺陷,通过采取纠正措施,以提高可靠性。因此,大多数采用暴露产品缺陷的加速的环境应力,以激发故障。在研制阶段的中后期,试验的目的侧重于了解产品的可靠性与规定要求的接近程度,并对发现的问题,通过采取纠正措施,进一步提高产品的可靠性。可靠性研制试验的主要方法有可靠性强化试验和可靠性增长摸底试验。

1) 可靠性强化试验 (RET)

可靠性强化试验是一种采用加速应力的可靠性研制试验,亦称高加速寿命试验(HALT)。由于产品可靠性越来越高,做一般可靠性增长试验难度增大,需要进行加速试验,但是可靠性强化试验不能用于评估产品可靠性。进行可靠性强化试验共有三个目的,第一个目的是尽可能发现产品中的设计缺陷、工艺缺陷、薄弱环节和性能参数变化趋势,并不断地采取纠正措施,使其在投入批生产之前就达到设计成熟,以得到在使用中不出故障的"健壮"产品;第二个目的是找出产品耐应力的极限,包括工作应力极限和破坏应力极限,如图 4-10 所示,并确定产品的工作应力裕度和破坏应力裕度,为确定高加速应力筛选的应力水平提供依据;第三个目的是使设计和研制时间保持最短,使产品及早地交付使用。

可靠性强化试验是一种激发试验,在试验中不断提高施加于产品上的环境应力,解决了传统的可靠性模拟试验的试验时间长、效率低及费用高等问题。产品通过可靠性强化试验,发现存在的缺陷加以设计改进后,可以获得更快的

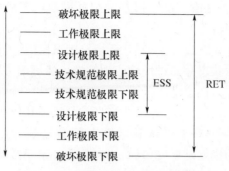

图 4 – 10　产品的各种应力极限的定义

增长速度、更高的固有可靠性水平、更低的使用维护成本、更好的环境适应能力和更短的研制周期。

受试产品至少应两个(除非另有规定),并应具备产品规范要求的功能和性能。受试产品在设计、材料、结构与布局及工艺等方面应能基本反映将来生产的产品。受试产品可以不经环境试验,直接进入可靠性强化试验。但是它必须经过全面的功能、性能试验,以确认产品已经达到技术规范规定的要求。

试验剖面包括低温步进应力、高温步进应力、快速温变循环步进应力、振动步进应力和温度加振动综合应力校核。试验时间取决于试验的实际情况。

2)可靠性增长摸底试验

可靠性增长摸底试验是根据我国国情开展的一种可靠性研制试验,它是一种以可靠性增长为目的,但无增长模型,也不确定增长目标值的短时间可靠性摸底试验。其试验的目的是在模拟实际使用的综合应力条件下,用较短的时间、较少的费用,暴露产品的潜在缺陷,并及时采取纠正措施,使产品的可靠性水平得到增长。由于试验时间较短,一般不用于评估产品的可靠性指标,但能为产品以后的可靠性工作提供信息。

受试产品应具备产品规范要求的功能和性能。它在设计、材料、结构和布局及工艺等方面应能基本反映将来生产的产品。事先需经过环境应力筛选。

根据我国目前产品可靠性水平及工程经验,通常可靠性增长摸底试验时间取 100 ~ 200h 较为合适。也可根据产品的特点,确定试验时间。

应尽量模拟产品实际使用条件制定试验剖面,包括环境条件、工作条件和使用维护条件。

3. 可靠性增长试验

可靠性增长试验也是一种研制试验,是在产品寿命期内,通过逐步改正设计和制造中的缺陷,提高产品可靠性,从而实现满足规定可靠性要求的目的。

可靠性增长试验是可靠性增长的一种方法,通过对产品施加模拟实际使用环境的综合环境应力,暴露产品中潜在缺陷并采取纠正措施,使产品的可靠性达到规定的要求。

可靠性增长试验应在设计定型前、环境鉴定试验后进行。受试产品应能反映将来生产时的技术状态并通过环境应力筛选。经订购方同意,成功的可靠性增长试验可以代替可靠性鉴定试验。

在产品可靠性增长过程中,为了估算当前可靠性和预测将来可达到的可靠性水平,确定可靠性增长试验时间和增长速度,需要建立可靠性增长模型。较为成熟且应用广泛的模型是杜安(Duane)模型和 AMSAA 模型。它适用于许多电子和机电产品的可靠性增长。

可靠性增长试验的步骤包括:制定可靠性增长试验大纲,制定试验程序,进行可靠性预计,进行 FMECA,进行环境试验和环境应力筛选,建立健全故障报告、分析和纠正措施系统,受试产品的安装和性能测量,试验、跟踪与控制,试验结束和可靠性最后评估。

4. 可靠性鉴定与验收试验

可靠性鉴定与验收试验都属于统计验证试验,即验证产品是否达到了规定的可靠性要求。其中,可靠性鉴定试验是为了确定产品的设计与要求的一致性,主要在设计定型时使用,由订购方选用有代表性的产品在规定的条件下、在第三方试验室所做的试验,并以此作为批准定型的依据。可靠性验收试验是用以验证批生产产品经过批生产期间的工艺、工装、工作流程变化后的可靠性是否保持在规定的水平,用于批生产时。统计试验方案类型如图 4 – 11 所示。

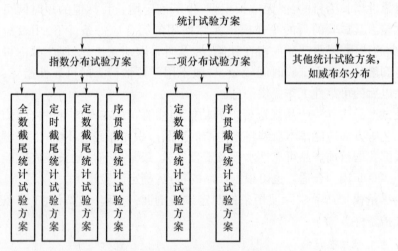

图 4 – 11　统计试验方案类型

1)指数寿命型试验方案(指数分布)

当产品的寿命为指数分布时,可采用连续型统计试验方案。目前国内外颁发的标准试验方案中属于指数分布的,如 GJB 899A。指数分布试验方案可分为全数截尾统计试验、定时截尾、定数截尾、序贯截尾试验几种。

全数截尾统计试验是指对生产的每台产品都做试验。仅在极特殊情况(如出于安全或完成任务的需要)时才采用。

定时截尾试验是指事先规定试验截尾时间 t_0,利用试验数据评估产品的可靠性特征量。定时截尾试验方案的优点是由于事先已确定了最大的累积试验时间,便于计划管理并能对产品 MTBF 的真值做出估计,所以得到广泛的应用。

定数截尾试验是指事先规定试验截尾时的故障数。利用试验数据评估产品的可靠性特征量。由于事先不易估计所需试验时间,所以实际应用较少。

序贯截尾试验是按事先拟定的接收、拒收及截尾时间线,在试验期间,对受试产品进行连续观测,并将累积的相关试验时间和故障数与规定的接收、拒收或继续试验的判据做比较的一种试验。这种方案的主要优点是对于可靠性水平好的产品做出判断所要求的平均故障数和平均累积试验时间较少。因此常用于可靠性验收试验。但其缺点是随着产品质量不同,其总的试验时间差别很大,尤其对某些产品,由于不易做出接收或拒收的判断,因而最大累积试验时间和故障数可能会超过相应的定时截尾试验方案。

2)成功率试验方案(二项分布)

按照国标 GB 5080.5—85 规定,成功率试验方案有以下两种:定数截尾和序贯截尾试验。对于以可靠度或成功率为指标的重复使用或一次使用的产品,可以选用二项分布试验方案。成功率是指产品在规定的条件下试验成功的概率。观测的成功率可以定义为在试验结束时,成功的试验次数与总试验次数的比值。成功率试验方案是基于假设每次试验在统计意义上是独立的。因此对于重复使用的产品,在两次试验之间应按规定的维护要求进行合理的维护,以保证每次试验开始时的状况和性能都相同。

5. 可靠性分析评价

可靠性分析评价的目的是综合利用与产品有关的各种信息,评价产品是否满足规定的可靠性(固有可靠性)要求。许多装备,系统复杂,成本昂贵,可靠性要求高,生产数量少,不可能依靠足够的专门的可靠性试验获取有效的信息来完成可靠性评估,只能通过综合利用各种相关信息,进行可靠性分析评价,这就是开展可靠性分析评价的实际背景。

可靠性分析评价适用于产品工程研制各阶段,主要用于产品设计定型阶段。可靠性分析评价方法包括:定性分析,主要是对产品研制中所采取的设计、分析、试验结果是否满足规定的可靠性要求做出定性评述;定量评价,是综合利用各种相关信息,据此扩大、补充样本量,做出是否满足规定可靠性要求的定量评价。

任何复杂系统均可以建立如图 4-12 所示的金字塔模型。对于复杂系统,虽然可以根据系统级试验信息来对系统级可靠性进行定量评价,但是产品试验一般符合金字塔式程序,级别越高,试验数量越少,全系统的试验数量更少。这就要求在定量评价可靠性时充分利用系统以下各级的信息,扩大信息量。为此需要从下而上逐级收集来自该级以下的试验信息,经综合得到等效试验信息。由于这种方法具有金字塔式逐级综合的特点,因此又称金字塔式可靠性综合评价。

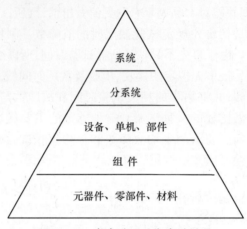

图 4-12 复杂系统的金字塔模型

金字塔模型实质上是根据该级已知的可靠性框图(如串联、并联、混联、表决等)和该级以下的试验信息(如成败型试验、指数寿命型试验等),自下而上,逐级确定可靠性置信下限。

如果产品缺乏可靠性试验甚至没有做可靠性试验,并且也缺少其他工程试验提供相关的可靠性信息,那么只能采用定性述评方法来评价产品是否满足规定的可靠性要求。

在可靠性分析评价中也可以使用 Bayes 方法。Bayes 方法是根据 Bayes 定理进行统计推断的方法。按 Bayes 定理,被估参数的后验分布正比于其先验分布与试验结果的似然函数之积,对参数所作的任何推断必须基于且只能基于其后验分布。在可靠性分析评价中,Bayes 方法又分为成败型可靠性 Bayes 评估方法和寿命型为指数分布的可靠性 Bayes 评估方法。

6. 寿命试验

寿命试验是为了验证产品在规定条件下,处于工作(使用)状态或储存状态时,其寿命到底有多长,即要了解产品在一定应力条件下的寿命。根据工作状态、储存状态,产品寿命试验分为使用寿命试验、储存寿命试验。

使用寿命试验是在一定环境条件下加载、模拟使用状态的试验。目的是验证产品首次大修期或使用寿命指标。

储存寿命试验是在模拟储存环境条件下进行的试验。由于产品在储存过程中处于非工作状态,储存环境应力比工作应力小得多,产品因储存引起的性能参数变化(故障)是一个长期的缓变过程,因此储存寿命试验有其特殊性。

除模拟正常使用状态或储存状态进行寿命试验外,对于长寿命产品而言,寿命试验时间很长。为了缩短试验时间,在不改变故障机理的条件下,用加大应力的方法进行寿命试验,这一试验称为加速寿命试验。加速寿命试验方法是用加大应力(如热应力、电应力、机械应力等)的办法,加快产品失效,缩短试验时间,揭露故障机理,并可运用加速寿命模型,估计出产品在正常工作应力下或储存环境下的寿命特性。

4.3.5　工艺可靠性技术

1. 概述

工艺可靠性是指在规定条件下和规定时间内,持续完成制造工艺要求的能力。工艺可靠性的概率度量为工艺可靠度。

规定的条件是指生产资料、生产条件、人员、组织管理及资金等,其中与工艺有密切关系的是人、机器、材料、方法、环境、计量和检测及工艺管理等要素。

规定的时间是指产品的生产周期或特定的时间段。

规定的功能:在合同要求的时间内,生产出质量符合设计要求、产品固有可靠性满足要求、成本低廉并符合环境性要求的产品。

工艺可靠性技术研究以此需求为牵引,目标是以已有的研究成果为基础,通过研究工艺可靠性的概念和评价指标体系,建立相应的模型,找出评价产品制造系统和分析研制过程、提高产品质量的实用方法,提出一套工艺可靠性保证技术体系,从而为设计和改进产品制造工艺系统、工艺路线、提高产品的制造合格率、缩短加工周期提供有效的参考。具体的工艺可靠性保证技术体系框架如图4－13所示。

2. 工艺可靠性指标

工艺可靠性指标体系的确定应依据工艺可靠性的定义,对定义中规定功能所涉及的各要素进行分解描述,然后再进行综合。在指标体系的确定中要考虑到制造过程的多加工设备和多工序的特点,同时注意到指标体系的完整性、适用性、独立性等要求。由于产品的加工数据主要来自产品的质量参数特征测量值,因此对制造过程的能力评价主要建立在对产品质量参数特征测量值进行分析的基础上。根据前面的分析,在人员、材料、测量、生产环境等条件都能够充分保障的条件下,制造的工艺可靠性主要受加工设备和工艺的影响(例如工序的稳定程度、工序之间加工误差的相互作用、工序之间的逻辑关系等),基于以上考虑提出如图4－14所示的工艺可靠性指标体系。

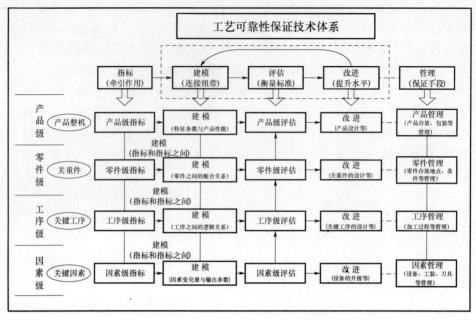

图 4-13　工艺可靠性保证技术体系框架

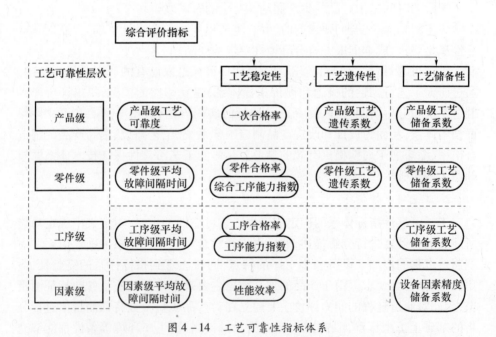

图 4-14　工艺可靠性指标体系

3. 工艺可靠性建模技术

工艺可靠性建模是将指标之间的关系进行联系,同时能够描述工艺系统及

其组成单元之间的故障逻辑关系。在进行工艺过程的可靠性建模时,确立原则如下:

(1)针对具体制造任务,分析工艺过程中各道工序过程之间的逻辑关系,描述不同工序之间存在的检验、返修、往复等情况对工艺过程可靠性的影响;

(2)对历史工艺失效数据的搜集和整理,利用统计数据对工艺过程和影响工艺可靠性的因素进行关系建模;

(3)各道工序过程本身的质量参数与工序可靠性参数的内在联系,描述工序过程本身的质量参数波动对工序可靠性的影响;

(4)各道工序过程的可靠性对整个工艺过程可靠性的影响和权重。

典型的工艺可靠性模型包括基于工艺参数模型、基于工序过程模型两种。

(1)工艺参数模型是通过收集大量的观测数据,利用统计方法建立的参数之间的数学模型,事先可以通过物理公式、经验、故障树分析等方法找到相互联系的参数,进而利用数据进行建模。包括物理模型、工艺参数模型等。

(2)工序过程模型是根据工序过程之间的逻辑关系建立的,包括串联模型、并联模型、混合模型、返修模型、配偶模型等。

工艺可靠性建模的流程是:分析工艺过程、确定任务、选择工艺可靠性建模方法、建立工艺可靠性框图、确定工艺可靠性数学模型、确定单元可靠性参数。如图4-15所示。

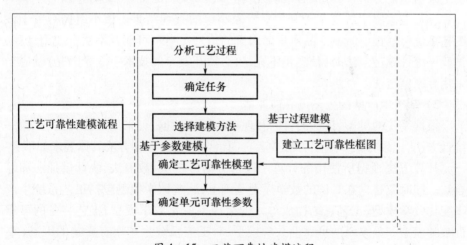

图4-15 工艺可靠性建模流程

4. 工艺可靠性评估方法

工艺可靠性评估是在产品研制和批生产阶段进行,对工艺系统实际运行或试验数据,运用统计学数值估计理论和可靠性评估方法进行评估。

工艺可靠性评估可以确定工艺系统可靠性指标要求的合理性、适用性,对之前所提出的指标体系进行补充和修改;根据建立的模型,工艺可靠性评估可以计算和评价工艺系统的现有能力,及时发现生产过程中存在的问题,为后续的改进奠定理论依据。

工艺可靠性评估方法一般分为基于产品质量参数(数据)的评估和基于生产率的评估两种方法。

1)基于产品质量参数的工艺可靠性评估

根据产品质量参数评估可靠性指标时,应采用计算、试验—统计、记录或专家鉴定等各种方法。各方法应建立在下述基础上:

(1)利用产品质量参数变化或者工艺流程参数变化的数学模型,并考虑到故障的物理本质(磨损、老化、温度变化等过程的质量属性)及该类工艺系统特性已有的先验数据。

(2)利用因素随时间变化规律的数据(工具磨损,温度变化及弹性变形等)。这些因素会影响一个或同时影响若干个产品质量参数。

(3)试验—统计(测量)法则基于使用产品质量参数的测量数据,而这些测量数据是从工艺系统特别选择的研究结果和/或从工艺系统及其要素的特定测试结果中获取的。

(4)记录法不要求进行特别选择的研究,而是基于对企业进行控制过程中所记录信息的分析(工艺流程准确度检验结果、验收的批量、缺陷等)。

(5)专家鉴定法是基于利用对专家小组的查询结果。该小组拥有关于该工艺系统可靠性及影响产品质量诸因素的信息。当不可能及不适合使用计算、试验—统计或记录法时(信息量不充足,必须开发专门技术手段等情况)就应当采用专家鉴定法。

2)基于生产率的工艺可靠性评估

根据系统的类型、评估的目的和现有的原始数据,可采用计算方法、试验—统计方法、记录方法和鉴定方法或者它们组合的方法。各方法具体要求如下:

计算方法根据所使用的计算手段可分为分析法、数值法、统计模拟法和综合法。同时应建立在具体的数学模型基础上,这些数学模型包括工艺系统生产率变化数学模型、工艺系统构成单元的生产率变化数学模型、工艺装备的可靠性数学模型和分系统的可靠性数学模型、对工艺系统生产率有影响的因素(事件)的分布函数和各种生产情况下的生产率控制方法。

(1)试验—统计(予以测定)方法建立在数据利用的基础上,这些数据是在工艺系统的专门抽样检查和(或)工艺系统及其单元的专门试验中获得。试验—统计方法主要用于现有工艺系统可靠性的评估,也可以用于所研制工艺系统的鉴定试验。

(2)记录方法不要求进行专门的检查,而是以分析记录信息为基础。这些信息是在企业管理过程中记录下的。记录信息包括:企业和分部产品生产日历计划表的执行情况;工艺装备技术维护和修理日历计划表的执行情况;生产对象的流动情况。

（3）鉴定方法建立在对鉴定组调查结果的基础上。这个鉴定组拥有工艺系统可靠性数据和对工艺系统生产率有影响的有关数据。当不可能及不适合使用计算、试验—统计或记录法时(信息量不充足,必须开发专门技术手段等情况)就应当采用专家鉴定法。

工艺可靠性评估流程一般如图 4－16 所示。

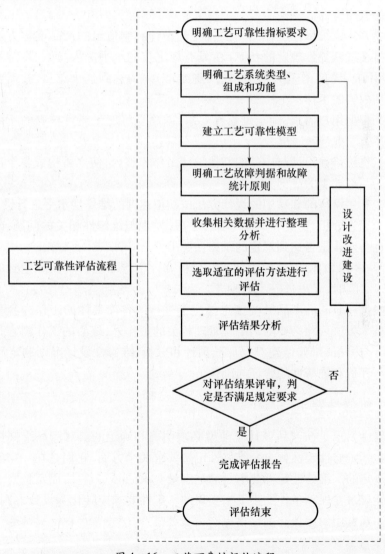

图 4－16　工艺可靠性评估流程

4.4 维修性技术

4.4.1 概述

维修性是产品的设计特性,通过维修性设计(针对维修性要求进行设计)达到预期的维修性要求,就要在产品的研制过程中自始至终地推进和落实完整而充分的维修性工作。在设计被"冻结"之后再去改进产品的固有维修性,往往是代价高而效率低的。

确立并完成维修性工作的目的就是使设计和制造出的产品能够方便而经济地保持在或恢复到规定的状态(由具有规定技能水平的人员,在规定的维修级别,利用规定的工作程序和资源,实施维修)。为达到这个总目的,需要落实下述各项内容的工作:

(1)根据用户需求,确定维修性要求,即确立可度量或可核查的所需的维修性水平。

(2)将维修性设计与产品的其他设计工作相整合,使之可构成整个产品研制工作的不可缺少的一部分。

(3)利用可行的和适用的设计方法按期望达到的维修性水平进行设计。

(4)通过分析、仿真和试验等各种手段,发现与维修性相关的问题、改进设计和验证与确认是否达到规定的维修性要求。

(5)在实际的使用过程中,监测、分析和评估产品运行中实际达到的维修性水平。必要时,予以进一步的改进。

要根据所研制的产品的类型选择应予进行的各项具体的工作内容和应予利用的技术方法。除必要的与工程管理相关的工作外,核心的工作内容是维修性的设计与分析(维修性建模、分配、预计和分析、维修性设计准则制定)、维修性试验与评价和维修性的验证与确认。

4.4.2 维修性要求

维修性要求是在产品设计之前就必须明确和确定的。对产品维修性的要求通常包括维修性定性要求和维修性定量要求两个方面,它们是在一定的保障条件下规定的。维修性定性要求是满足定量要求的必要条件,而定量要求又是通过定性要求在保障条件约束下来实现的。定性要求应转化为设计准则,定量要求应明确选用的参数和确定指标。

1. 定性要求

维修性定性要求的一般内容包括:良好的可达性;提高标准化和互换性程

度;具有完善的防差错措施及识别标记;保证维修安全;良好的测试性;对贵重件的可修复性要求;减少维修内容和降低维修技能要求;符合维修性的人素工程。

对产品维修性的一般要求,可在明确该产品在维修性方面的使用需求的基础上,按照相关标准及本类产品的专用规范和有关设计手册提出。更重要的是要在详细研究和分析相似产品维修性的优缺点,特别是相似产品不满足维修性要求的设计缺陷的基础上,根据产品的特殊需要及技术发展,有重点地、有针对性地提出若干必须达到的维修性定性要求。

2. 定量要求

满足了对维修性的定性要求,能大大提高产品的维修性,但还不便于直接度量产品维修性的优劣程度。因而对产品维修性还需要定量描述。描述维修性的度量称为维修性参数,而对维修性参数要求的量值称为维修性指标。维修性的定量要求就是通过选择适当的维修性参数及确定指标来提出的。

1)维修性参数及其选择

(1)维修性时间参数。维修性时间参数是最重要的维修性参数,它一般都直接影响产品的可用性,又与维修保障费用有关。平均修复时间(MTTR)是产品维修性的一种基本参数。其度量方法为:在规定的条件下和规定的时间内,产品在任一规定的维修级别上,修复性维修总时间与该级别上被修复产品的故障总数之比。

(2)维修工时参数。最常用的工时参数是产品每个工作小时的平均维修工时(MMH/OH),其度量方法为:在规定的条件下和规定的时间内,产品直接维修工时总数与该产品寿命单位总数之比。

(3)维修性参数的选择。在维修性工作中,产品使用部门或订购方最重要的责任是要科学地选择维修性参数。

2)维修性指标的确定

(1)确定维修性指标的主要依据是使用需求。在确定指标时可以参考国内外同类产品的维修性指标,或者根据预期采用的技术、现行的维修保障体制、维修职责分工、各级维修时间的限制来确定指标。维修性指标的确定应与可靠性、寿命周期费用、研制进度等多种因素进行综合权衡。

(2)在确定维修性指标的同时还应明确与该指标有关因素和约束条件,如需规定维修级别。这些因素是提出指标不可缺少的说明,否则指标将是不明确的,且难以实现的。如果必要,考虑到维修性也有一个增长过程,也可以在确定指标时分阶段规定应达到的指标。

4.4.3 维修性设计与分析

维修性设计是产品设计工作中的一个不可缺少的组成部分,通过在设计中充分考虑和落实维修性要求,最终达到期望的产品维修性水平。在维修性设计过程中,维修性分析对于保证达到规定的维修性要求是至关重要的,其各种分析结果是做出设计决策的主要依据。下面对关键的维修性设计与分析活动进行简介。

1. 维修性建模

维修性建模是指为分析、评定系统的维修性而建立的各种物理模型与数学模型。建立维修性模型是产品维修性主要工作项目之一,一般来说,在复杂产品的维修性分析中,都要求建立维修性模型。

建立维修性模型的目的主要有以下几方面:

(1) 进行维修性分配,把系统级的维修性要求分配给系统级以下各个层次,以便进行产品设计;

(2) 进行维修性预计和评定,估计或确定设计方案可达到的维修性水平,为维修性设计与保障决策提供依据;

(3) 当设计变更时,进行灵敏度分析,确定系统内的某个参数发生变化时,对系统可用性、费用和维修性的影响。

按模型的形式不同,维修性模型又可以分为物理模型和数学模型。其中,物理模型主要是采用维修职能流程图、系统功能层次框图等形式,标出各项维修活动间的顺序和产品层次、部位,判明其相互影响,以便于分配、评估产品维修性并及时采取纠正措施;数学模型主要是通过建立各单元的维修作业与系统维修性之间的数学关系式,进行维修性分析与评估。

建立维修性模型一般按照图4-17所示流程图进行。首先明确分析的目的和要求,对分析的对象进行描述,建立维修性物理模型,找出对欲分析的参数有影响的因素,并确定其参数。然后建立数学模型,通过收集数据和参数估计,不断地对模型进行修改完善,最终使模型固定下来并运用模型进行分析。

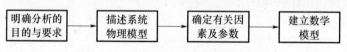

图4-17 建立维修性模型的一般程序

2. 维修性分配

将产品的维修性指标分配到各功能层次的各部分,归根结底是为了明确各部分的维修性指标。其具体目的主要有:为系统或设备的各部分(各个低层次产品)研制者提供维修性设计指标,以保证系统或设备最终符合规定的维修性要求;通过维修性分配,明确各转承制方或供应方的产品维修性指标,以便于系统承制方对其实施管理。

维修性分配是一项必不可少的、费用效益高的工作。因为任何设计总是从明确的目标或指标开始的,不仅系统级如此,低层次产品也应如此。只有合理分配指标,才能避免设计的盲目性。合理的指标分配方案可以使系统经济而有效地达到规定的维修性目标。

维修性分配的指标应当是关系全局的系统维修性的主要指标,它们通常是在合同书中规定,最常见的有:平均修复时间(MTTR)、平均预防性维修时间(MPMT)、维修工时率。

根据维修性分配的条件及准则来确定分配法。

1)等分配法

这是一种最简单的分配方法。其适用的条件是组成上层次产品的各单元的复杂程度、故障率及预想的维修难易程度大致相同。也可用在缺少可靠性、维修性信息时,作初步的分配。分配的准则是使各单元的指标相等。

2)按可用度分配法

产品维修性设计的主要目标之一是确保产品的可用性或战备完好性。因此,按照规定的可用度要求来确定和分配维修性指标,是广泛适用的一种方法。只要规定了可用度指标和故障率,就可以确定修复时间指标。在工程实践中,无论是对新研产品还是改进产品,这种情况是很多的。在这种情况下,维修性的分配就以可用度的要求为前提。

3)相似产品分配法

借用已有的相似产品维修性状况提供的信息,作为新研制或改进产品维修性分配的依据。根据已知相似产品维修性数据,计算新(改进)产品的维修性指标。

4)加权因子分配法

将分配时考虑的因素转化为加权因子,按加权因子分配,是一种简便、实用的分配方法。在方案阶段后期及工程研制阶段都是适用的。

3. 维修性预计

维修性预计是研制过程中主要的维修性活动之一,即根据历史经验和类似产品的数据等估计、测算新产品在给定工作条件下的维修性指标,以便了解设计满足维修性要求的程度。其具体作用是:

(1)预计产品设计可达到的维修性水平,是否能达到规定的指标,以便做出设计决策(选择设计方案或转入新的研制阶段或试验);

(2)及时发现维修性设计及保障缺陷,作为更改设计或保障安排的依据;

(3)当研制过程中更改设计或保障要素时,估计其对维修性的影响,以便采取对策。

维修性预计的值应同规定的指标相一致。最经常预计的是平均修复时间,根据需要也可预计最大修复时间、工时率或预防性维修时间。

维修性预计的方法有多种,一般而言有以下几种方法。

1)回归预计法

此法广泛应用的现代预计技术,即对已有数据进行回归分析,建立模型进行预测。把它用在维修性预测中,就是利用现有类似产品改变设计特征(结构类型、设计参量等)进行充分试验或模拟,或者利用现场统计数据,找出产品特征与维修性参量的关系,用回归分析建立模型,作为推断新产品或改进产品维修性参数值的依据。需要注意的是,对不同类型的产品,影响维修性参数值的因素不同,其模型有很大差别。

2)单元对比法

在组成系统或产品的单元中,总可以找到一个可知其维修时间的单元作基础,通过与基准单元对比,估计各单元的维修时间,进而确定系统或产品的维修时间。单元预计法适用于各类产品方案阶段的早期预计。它既可预计修复性维修参数,又可预计预防性维修参数。预计的基本参数是平均修复时间、平均预防性维修时间和平均维修时间。

3)时间累计法

这种方法是根据历史经验或现成的数据、图表,对照产品的设计或设计方案和维修保障条件,逐个确定每个维修项目、每项维修工作、维修活动乃至每项基本维修作业所需的时间或工时,然后综合累加或求均值,最后预计出装备的维修性参量。在计算过程中,运用的数学模型基本上是两类:累加和均值模型。

4)抽样评分法

抽样评分法采用抽取产品中足够的可更换单元,按照核对表对其维修作业进行评分,再用经验公式估算出维修时间。

5)抽样预计法

抽样预计法是综合上述方法提出的。按抽样评分表确定样本量、分配作业样本和随机抽取具体作业样本,再采用时间累计法的模型、表格等计算修复时间。采用这种方法,既可减少预计工作量,又可利用现成的图表直接计算出各单元维修的时间,有较好的准确度。

4. 维修性分析

1)维修性分析的目的

维修性分析的目的可以归纳为以下几个方面:

(1)为确定维修性设计准则提供依据;

(2)进行备选方案的权衡研究,为设计决策创造条件;

(3)证实设计是否符合维修性设计要求;

(4)为确定维修策略和维修保障资源提供数据。

2）维修性分析主要内容

（1）各维修级别的平均和最大修复时间；

（2）各维修级别的每次维修或单位工作时间所耗费的维修工时或维修时间；

（3）各维修级别的故障检测率、故障隔离率、虚警率；

（4）各维修级别所要求的自动的、半自动的、机内测试及人工测试能力的配合；

（5）各维修级别所要求的维修辅助设备和人工诊断程序及其相应的软件和技术费用、技能等级、人力要求及购置费用；

（6）由保障性分析得出的，与每一备选的设备设计和每一测试系统相应的修理级别；

（7）采用现有的测试设备或购置测试设备与研制专用的外部测试的对比；

（8）每一种测试系统备选方案的可生产性；

（9）确定需用机内测试或其他诊断和测试系统进行监测的系统参数；

（10）预防性维修工作量的影响；

（11）在各规定维修级别的平均预防性维修间隔时间；

（12）平均预防性维修时间；

（13）意外损坏的恢复；

（14）静电损坏的考虑。

4.4.4 维修性试验与评价

整个装备系统级的维修性试验与评价一般包括核查、验证与评价三种。对于不同类型的装备或低层次的产品，其试验与评价的阶段划分则视具体情况而定。

维修性核查的目的是检查与修正用于维修性分析的模型和数据，鉴别设计缺陷和确认对应的纠正措施，以实现维修性增长，促使满足规定的维修性要求和便于以后的验证在研制过程中进行。

维修性核查的方法比较灵活，可以通过少量的维修性试验或典型维修作业的演示和对时间进行测量以及其他可行手段进行核查，并应最大限度地与其他相关试验相结合地实施。应最大限度地利用研制过程中通过各种试验所获得的维修作业数据，并应尽可能地利用成熟的建模与仿真技术。

维修性验证的目的是全面考核装备是否达到了规定的维修性要求。它是一种严格的检验性试验与评价，通常在设计定型阶段进行，其验证结果应作为装备得以定型的依据之一。进行验证试验的环境条件应尽可能地与装备的实际使用与维修环境一致或接近，其所用的保障资源也应尽可能地与规划的需求相一致。

维修性评价的目的是确定装备在部署后的实际使用、维修和保障条件下所达到的维修性水平,判定在进行维修性验证过程中所暴露的缺陷的纠正情况。

维修性评价应在部队试用或使用过程中进行,实施的维修作业应是直接来自实际使用中的经常性的作业,参与的维修人员也应是来自实际使用现场的人员。进行评价所用的装备则应是实际部署的装备或与之等效的样机。此外,还应将从评价试验中获取的数据与在现场使用与维修过程中收集到的数据结合起来,用于进行评价。

4.5 保障性技术

4.5.1 概述

满足作战要求和增强用户的满意是研制任何产品的最高目标,对于军事装备而言,就是要满足作战要求。用户对具有长的使用寿命和需经常地或反复地运行的产品(装备)提出的关键要求之一就是应具有高效地持续运行的能力。能达到更高的可靠性和维修性水平,是产品得以达到高效地持续运行的必要条件,但要达到高水平的可靠性和维修性,除了需要通过设计和制造途径赋予产品其所谓的固有的可靠性和维修性外,还需要产品运行过程中的管理与物质资源条件的保障。更多地是针对军事装备提出的保障性概念就是基于这样的保障需求形成的。

无论是平时还是战时,保障需求都是源自于装备的使用(运行)与维修的,包括了人力、保障设备、设施、备件、技术手册和培训等多方面的需求。对这些需求的满足程度直接影响到装备在实际运行时所能达到的保障性水平。面对保障性这一高度综合的和涉及众多工程工作的装备特性,为了全面和有条理地实现规定的保障性目标,必须将与之相关的所有工程管理和技术工作有效而经济地整合起来,从而形成了"综合保障"的概念。

一般将与落实保障相关的各项管理与技术活动归纳为 10 个范畴,称之为 10 项综合保障要素,这 10 个方面的工作成效将直接影响装备所需保障的满足程度和所能达到的保障性水平。这 10 个要素是:

(1)维修规划。逐渐形成和确立装备寿命期内的维修方案和维修要求的过程。

(2)人力和人员。对具有在平时和战时(在装备寿命期内)使用和保障装备所需的技能和级别的人员的认定和招募。

(3)供应保障。用以决定后续补给品的获取、分类、接收、储存、转运、配发和处置等的要求的全部管理活动、工作程序和技术方法,包括初始保障和补充供应保障。

（4）保障设备。保障装备的使用与维修所需的全部设备（移动的或固定的），包括相关的多用途设备、地面搬运与维修设备、工具、计量与校准设备、测试设备和自动测试设备；也包括对保障和测试设备本身的保障的落实。

（5）技术资料。以各种形式和符号（如手册和图样）记录的具有科学与技术性质的信息。计算机程序和相关的软件不属此类技术资料，但它们的文档则属技术资料类；与合同管理相关的财务数据或其他信息也不属技术资料类。

（6）训练与训练保障。用以培训各类人员使用与维修装备所用的各种过程、规程、技术、培训器材与设备。包括个人和全体人员的培训，使用新设备的培训，初始的、正式的和在岗的培训，以及针对培训设备和培训器材的采办与安装的保障规划。

（7）计算机资源保障。使用与保障嵌入的计算机系统所需的设施、硬件、软件、文档、人力和人员。

（8）保障设施。为保障装备所需的永久、半永久性或临时性的建筑物和设备。

（9）包装、装卸、储存和运输。确保全部装备、设备和保障用品都能得到适当保存、包装、装卸和运输的资源、过程、规程、设计考虑和方法，包括环境方面的考虑、短期和长期的设备保存要求及可运输性等。

（10）设计接口。诸如可靠性与维修性等与保障相关的设计参数与战备完好性要求和保障资源要求间的关系。这些与保障相关的设计参数是以使用值而不是以固有值表示的，并且明确地与装备的战备完好性目标和装备的保障费用相关联。

通常将使用与维修装备所需的全部物质资源与人员等统称为保障资源，前述第2项到第9项综合保障要素就涵盖了与规划和获取各种保障资源有关的技术活动，第1项和第10项综合保障要素则涉及关系到综合保障全局的工程管理活动。

4.5.2 保障性要求

与可靠性、维修性和测试性等其他的装备设计特性相类似，装备的保障性要求也包括定性要求和定量要求两大范畴。与其他设计特性有所不同的是，由保障性的内涵所决定，保障性要求几乎反映或涵盖了大部分的可靠性、维修性和测试性等的主要要求。举例说，可用性要求反映了可靠性与维修性（也涉及到测试性）的综合要求，而可用性又是装备重要的总体保障性要求。

1. 保障性定性要求

与保障性的内涵相适应，保障性的定性要求可分为两类：

1）关于便于进行使用与维修保障的装备设计定性要求

这方面的定性要求主要体现为对可靠性、维修性和测试性等提出的定性要求。同时，根据使用特点，还要有诸如自保障能力和持续保障等方面的要求。

2）关于保障资源和保障系统的定性要求

这方面的定性要求涉及由各项保障资源构成的保障系统的整体要求，其中最受关注的要求是其规模尽可能的小。对于保障系统的整体规模要求难于确切地定量化（虽然有时可以局部地以所需体积、重量和人员等加以笼统的约束），但从作战保障的角度，又必须予以充分的考虑。

这方面的定性要求还涉及对各项保障资源的要求，用以制约保障资源的设计。其中，最受关注的要求是它们的功能及彼此间与主装备之间的接口。

2. 保障性定量要求

保障性定量要求中的参数与可靠性、维修性和测试性等的参数有较多的交叉和重选。一般将其分为三类，即针对装备整体的战备完好性的要求、针对装备的保障性设计特性的要求和针对保障资源与保障系统的要求。

4.5.3　保障性设计和分析

1. 保障性分析

保障性分析是装备设计过程的一个组成部分，是在"装备的整个寿命周期内为确定与保障有关的设计要求，影响装备的设计，确定保障资源要求，使装备得到经济有效的保障而形成的一系列分析活动"。保障性分析为构成优化的保障系统并向主装备提供所需的保障提供了可靠的基础依据，通过保障性分析应能做到：

（1）利用分析结果去影响装备的设计，使之充分地考虑到保障问题。通过分析，从满足保障性要求的角度去评定装备的设计，并提出使装备易于保障的技术途径。

（2）指出各种与保障相关的设计问题和对保障费用有重大影响的设计因素。根据分析结果，提出互相协调的和令人满意的保障性设计要求。

（3）以分析结果为依据，在既定的使用保障方案的约束下，按装备的设计技术状态，确定相应的保障资源要求，拟定完整的保障资源配套方案，进而获取所需的保障。

（4）在进行装备的试验与评价的过程中，通过分析评判装备及其保障系统的总的综合效能，并依据分析结果对所发现的问题提出应采取的纠正措施建议，促使在使用阶段能以最少的费用向装备提供所需的保障。

既可以通过保障性分析确定装备的保障需求和装备对保障机制的影响，也可以通过保障性分析确定所规划的保障资源对装备的技术状态和执行任务的能力的反向作用。保障性分析的作用表明,分析过程必然是反复地迭代推进的,而且是与装备的研制过程(以致以后的生产与部署过程)同步地推进的。

保障性分析基本上是以维修方案的确定为起点逐步开展的,在分析过程中要利用到来自各相关专业的数据,与其他相关专业的工程分析协调地进行,但又不是其他工程分析过程的重复。

保障性分析工作项目众多,而且彼此交叉相关,在针对具体的研制项目规划整个分析工作时,必须抓住那些无论对何种研制项目都是必不可少的核心内容,从而能更经济和有效地完成分析工作。故障模式、影响及危害性分析(FMECA),以可靠性为中心的维修分析(RCMA),使用与维修工作分析(O&MTA)和修理级别分析(LORA)这几项专项分析是进行保障性分析时必定要完成的核心分析工作。

2. 保障资源规划

实际上,各项保障资源的方案及整体的保障方案体现了对保障资源的规划结果。

在 GJB 3872 中对"规划保障"和"研制与提供保障资源"都作了相应的规定。此外,GJB 1132《飞机地面保障设备通用规范》、GJB 3274《飞机地面保障设备需求分析报告通用要求》、GJB 1181《军用装备包装、装卸、贮存和运输通用大纲》、GJB 3968《军用飞机用户技术资料通用要求》、GJB 5432《装备用户技术资料规划与编制要求》和 GJB 5238《装备初始训练与训练保障要求》等都是可参照的相关标准。关于计算机资源保障的规划还可参考已发布的一系列与软件开发有关的标准。

此外,需要再次强调的是始终要重视各项保障资源间的协调与合理综合的问题。这个问题既严重地关系到装备保障系统的效能,最终更关系到装备本身的效能,同时又关系到装备的寿命周期费用。

3. 保障方案制定

保障方案分为使用保障方案与维修保障方案两大类。按 GJB 451A,保障方案是指"保障系统完整的总体描述。它由一整套综合保障要素方案组成,满足装备功能的保障要求,并与设计方案及使用方案相协调"。装备的保障方案是确立保障系统的最重要的依据。

从上述关于保障方案的定义,可以看出它包含以下几个关键点:

(1)它是在系统层次上,对将要建立的装备保障系统的全面说明,是对保障系统的各保障资源要素应如何形成并彼此间协调地发挥作用的总体构想。

(2)保障方案又是由各保障资源要素的构成方案组成。具体来讲,它是由保障设备方案、设施方案、供应保障方案、人力/人员方案以及其他保障资源要素的方案,通过有系统和有组织的组合而形成的。

（3）关于维修规划和设计接口这两个要素,它们从管理方面对保障方案中起着协调和规范各保障资源要素的作用。

（4）保障方案必须满足装备为实现其预定功能而提出的保障要求,即按该保障方案建立的保障系统必须保障装备能达到其应有的保障性水平。

（5）装备的保障方案必须与装备的设计方案和使用方案(对装备预期的任务、编制、部署、使用、保障及环境的描述)协调一致。

由初始保障方案到最终确定的保障方案是一个随装备研制进程而反复迭代的优化过程。在这个过程中,大体上要经历以下主要工作程序:

（1）通过功能分析,确定装备的使用与维修功能要求;

（2）提出备选的保障方案;

（3）拟订备选的保障计划,这些备选的保障计划具体化和细化描述了各备选保障方案的内容;

（4）对装备的备选设计方案进行评价比较与权衡分析;

（5）确定最优的保障方案和保障计划。

图4-18概要地给出了保障方案的制定过程。

4.5.4 保障性试验与评价

保障性试验与评价是指为确定装备的预定用途是否有效和适用,而对装备及其分系统或组成部分进行的试验及试验分析,并将试验结果与设计要求(或技术规范)进行比较,以评价装备在保障性达标方面所取得的进展的过程。

试验与评价是彼此密切联系的两大项工程活动。试验的目的是获得相关数据的过程,以便基于数据对装备的性能进行评价;而评价则是基于试验数据判定装备性能是否达标的过程。

试验与评价过程要从最初的研制论证阶段一直延续到装备的使用阶段,其总的目的在于:

（1）发现装备的设计缺陷;

（2）确认和评判设计风险;

（3）评估装备的保障性水平;

（4）提出相关的改进措施建议;

（5）为所研制的装备的定型和验收提供依据。

1. 保障性试验与评价的类型和要求

根据保障性试验与评价的目的、内容及开展方式,可将所要进行的装备试验与评价归纳为研制试验与评价和使用试验与评价两大类。

1）研制试验与评价

其目的是在研制过程中为装备的工程设计与研制提供可信的试验数据,验

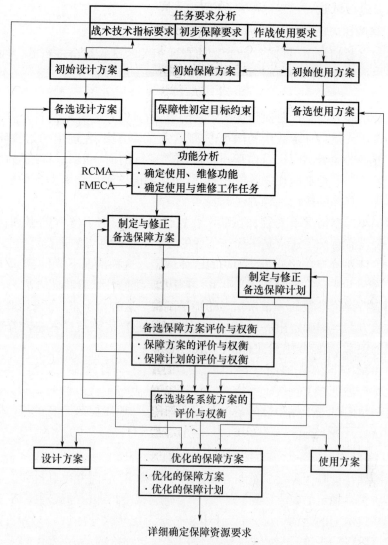

图 4−18 保障方案的制定过程

证装备达到保障性设计要求的程度。这类试验与评价由承制方负责,并在受控的环境下,由经过培训的使用与维修人员实施,要对照相应的规范,利用研制样机或相当的试验件进行试验。常说的演示验证试验应属于这类试验中综合性最强的一种试验。

2)使用试验与评价

对装备在实际使用条件下进行的现场试验,验证装备的使用效能和使用适用性满足用户要求的程度。这类试验与评价应由单独的试验机构负责,按典型的实际使用环境条件,由受过训练的使用方人员,利用具有生产出厂时技术状态的装备进行试验。

2. 保障性试验方法

在大多数情况下,保障性试验是与其他相关的试验结合进行的,并在很大程度上类似于维修性的试验方式,基本可采用两大类试验方法。

1)统计试验方法

统计试验方法是针对保障性的定量要求进行的试验,并对统计数据进行评价。即选用或指定一定数量的样本,按规定的试验方案,在规定的试验环境中,以典型装备的运行剖面进行试验。试验用的运行剖面一般要与可靠性和维修性等试验用的运行剖面相一致或相同,都必须要能够激发或引发预期要发生的保障事件。具体的统计试验方法有:

(1)小样本情况下的统计试验。在这种情况下,由于样本量小,采用区间估计已经没有意义。通常是采用点估计的方式对保障性参数进行评价。

(2)待评价参数的分布已知时的统计试验。这种情况下,可按数理统计中的抽样检测方法确定试验方案,相关内容可参见维修性试验验证方法。

(3)待评价参数的分布未知时的统计试验。这种情况下,可采用非参数法确定试验方案。即确定出一定置信水平所对应的置信限与样本量和合格判定准则间的关系,确定样本量及合格判定准则。

2)演示试验方法

这是一种工程上较便于安排的,而且又是具有一定代表性的试验方法。可以通过演示同时进行保障性的定量和定性评价,一般需要与装备的维修性演示验证相结合开展实施。

3. 保障性评价

保障性评价是保障性试验与评价过程中的最后一环,并由其确定装备的保障性是否符合规定的要求(或准则)。作为研制试验与评价的最后一环,通过评价装备在技术上的达标情况,可以作出装备是否能转入使用试验与评价阶段或转入生产阶段的决策;另外,如果作为使用试验与评价的最后一环,可获取在实际使用环境中的装备的真实能力数据。

除了保障性试验方法的定量评价方法,还有以下一些定性的评价方法:

1)装备保障性的定性评价

装备保障性的定性评价与维修性的定性评价是极类似的,而且二者可以结合起来评价。但保障性的涵盖范围更广,需要根据装备保障性的定性要求,拟定更为广泛的评价准则。

2)装备保障要素的定性评价

目的是针对装备的各项保障要素,评价其适用性。评价过程中要结合装备的具体结构与使用特点,按各要素应起的作用和应有的贡献,拟定出有针对性的评价准则。例如对保障设备,应按装备的系统层次提出若干评价因素,逐一根据经验给出优、良、中、差或其他分级方式的评价,再将评价加以综合,得出对该项保障设备的总评价。表4-7列出了保障设备定性评价的评价因素。

表4-7　保障设备定性评价的评价因素

因素	子因素	描述的含义
功能性	完成功能的能力	保障设备的设计用途的实现程度
	安全性	保障设备在进行保障工作时对人员与装备发生损害的可能性
	互用性	保障设备具备本身设计功能之外的用于其他保障用途的综合功能的能力特性
	对环境的适应性	保障设备要实现正常保障功能时对气候、地形等客观条件的要求
稳定性	采用技术的成熟度	保障设备在研制过程中所使用的技术的成熟程度
	故障率	保障设备在使用中出现故障的可能性
易使用性	易理解性	使用者理解保障设备的功能构造原理的难易程度
	易学性	使用者掌握保障设备的使用方法的难易程度
	易操作性	使用者操作保障设备的方式的简易程度
维修性	检测故障难易度	保障设备出现故障时查出故障源的难易程度
	易维修性	对发生故障的保障设备进行维修并恢复其功能的难易程度
	零件的可替换性	组成保障设备的零件的通用程度

3) 综合性评价

这是北大西洋公约组织(NATO)提出的评价方法,是具有一定量化要求的定性方法,适用于在飞行试验阶段开展保障性评价,但也可以延伸至装备使用阶段。

综合性评价方法的总体框架为:

(1) 按综合保障的10个要素,利用从试验中汇集的定量与定性数据,以所建立的保障性试验度量(STM)对每一要素进行评价。

(2) 该STM从可靠性与维修性(R&M)、人的因素(HF)和保障(LS)三个方面对每个要素做出评价。

(3) 通过比较试验数据及保障性分析结果,给出各要素的STM评分。评分共分6级:1分为极不满意,需做重大改进;2分为不满意,需做改进;3分为不大满意,需做少量改进;4分为勉强满意,做少量改进会更好;5分为满意,达到了预期目的;6分为极满意,改进余地很少。

(4) 最后,将各要素在三个方面的评价结果加以综合,按其对完成任务的影响程度,形成单一的评分和结论,并明确各要素之间存在的相互影响关系。

4.6 测试性技术

4.6.1 概述

测试性是产品的一种设计特性,是设计时赋予产品的一种固有属性。测试性设计与分析是产品获得充分测试特性并达到测试性要求所进行的一系列技术活动。测试性设计是指利用经济、有效的设计技术和方法,使产品具有便于测试的特性、可以得到充分测试的设计过程。测试性分析是指通过预计、核查、仿真分析和评估等技术,确定应采取的测试性设计措施、评价产品可能达到的测试性水平所进行的工作。

4.6.2 测试性要求

测试性要求分为定性要求和定量要求,测试性要求的一般内容在下面分别进行介绍。

1. 定性要求

测试性定性要求反映了那些无法或难于定量描述的测试性设计要求,它从多方面规定了在进行设计时应注意采取的技术途径和设计措施,以方便测试和保证测试性定量指标的实现。

测试性定性要求一般包括的内容如表4-8所列。

表4-8 测试性定性要求的内容

序号	项目	主要内容
1	合理划分	产品按功能与结构合理地划分为多个可更换单元,如系统可划分为多个现场可更换单元(LRU)或可更换模块(LRM),LRU再划分为多个车间可更换单元(SRU)等,以提高故障隔离能力
2	性能监控	对安全、完成任务有影响的功能部件,应进行性能监控,必要时给出报警信号
3	机内测试(BIT)和中央测试系统	依据诊断方案确定嵌入式诊断具体配置和功能,如对中央测试系统、系统BIT、现场可更换单元BIT、传感器等的配置和功能要求。
4	故障信息	应存储性能监控与故障诊断信息,并按规定将相关数据传输给中央测试系统或其他显示和报警装置
5	测试点	应设置充分的内部和外部测试点,以便于在各级维修测试时使用,达到规定的故障检测与隔离指标。测试点应有明显标记
6	兼容性	被测单元(UUT)设计应与计划选用(或新研制)的外部测试设备兼容。尽可能选用通用的、标准化的测试设备及附件

序号	项目	主要内容
7	综合测试能力	应考虑用 BIT、自动测试设备(ATE)和人工测试或其组合,对各级维修提供完全的诊断能力,并符合维修方案和维修人员水平的需求
8	测试需求文件(TRD)	UUT 应编写支持测试程序集(TPS)和测试设备设计的测试需求文件(TRD),编写维修测试技术手册等

2. 定量要求

目前一般用故障检测率(FDR)、故障隔离率(FIR)和虚警率(FAR)规定测试性设计的定量要求。这三个测试性参数的定义如表 4-9 所列。

虚警是指当 BIT 或其他监控电路指示被测单元有故障,而实际上该单元不存在故障的情况。目前大多数系统采用 FAR 度量 BIT 虚警,FAR 给出了 BIT 指示中虚警发生的百分比,但没有给出虚警发生的频率,没有显示出虚警对系统可靠性的影响。而平均虚警间隔时间 MTBFA 则可显示出虚警对系统可靠性的影响。实际运行中,在相同情况下可靠性高的系统发生真实故障数比可靠性低的系统少,在 BIT 指示中虚警数所占比例较大,所以其 FAR 值也就较高,即实际统计的 FAR 值大小受系统可靠性影响,而 MTBFA 量值不受系统可靠性影响。

表 4-9　测试性参数

序号	参数	定义
1	故障检测率(FDR)	用规定的方法正确检测到的故障数与被测产品发生的故障总数之比,用百分数表示
2	故障隔离率(FIR)	用规定的方法正确隔离到不大于规定模糊度的故障数与检测到的故障数之比,用百分数表示
3	虚警率(FAR)	在规定的工作时间,发生的虚警数与同一时间内的故障指示总数之比,用百分数表示

4.6.3　测试性设计与分析

1. 测试性设计与分析流程

1）有关测试性设计与分析的主要工作内容

（1）依据装备诊断方案和使用要求确定系统和设备的诊断方案,包括 BIT、性能监测、中央测试系统的配置、功能和构成等;

（2）通过测试性指标分配,确定分系统(或设备、LRU)的指标要求;

（3）制定测试性设计准则,并在系统、LRU 和 SRU 设计过程中贯彻执行;

（4）在设计过程中选用或建立需要的产品测试性模型；

（5）确定外部诊断测试的构成，包括外部测试点及准备选用的测试方法等；

（6）故障模式、影响及测试方法分析，优选测试点和诊断策略；

（7）固有测试性设计与评价，测试性设计准则符合性检查；

（8）系统和设备 BIT、性能监测以及中央测试系统的详细设计，包括其软件、硬件以及故障信息存储、传输与显示等；

（9）外部诊断详细设计，包括在线测试和脱机测试、兼容性详细设计等；

（10）测试性预计，包括 BIT 的故障检测与隔离能力、外部诊断的故障检测与隔离能力，如不满足要求时，需要改进设计。

2）测试性设计与分析工作流程图

测试性设计与分析流程图如图 4 - 19 所示。

（1）为使图形简单清楚，图 4 - 19 只给出了主要工作流程示意图，有些工作可能需要多次或反复进行，图中未能表示出。

（2）为表明设计分析与其他测试性工作的关系，图中给出了测试性管理、验证等方框。虚线方框不属于测试性设计与分析的内容，带底色方框中有部分内容是测试性设计与分析的内容。

（3）在设计过程中可能需要多个测试性模型，有的可选用现有的，如测试性分配用模型；有的需要在进行某项工作时针对产品建立测试性模型。

2. 测试方案确定

进行装备测试性设计和验证，实现测试性要求，首先要明确测试方案。测试方案是装备测试总的设想，它指明装备中哪些产品要测试，何时（连续或定期）何地（现场或车间，或者哪个维修级别）测试及其技术手段。其目的是合理地综合应用各种测试手段来提供系统或设备在各级维修所需的测试能力，并降低寿命周期费用。确定测试方案最终就是要确定在各维修级别（场所）所采用的各种测试手段（设备及人工测试）的恰当组合，构成装备故障诊断测试子系统（FIS），以满足规定的测试性要求和降低寿命周期费用。

确定测试方案的主要依据是：订购方提出的测试性要求及有关约束条件；主装备的设计方案及可靠性数据（特别是 FMECA 结果）；维修与保障方案等。

根据以上各项结果，并通过前期的保障性分析（LSA）提出初步的测试方案或其备选方案。在此基础上，经过分析、比较、权衡，特别是系统效能、费用的分析权衡，确定最佳测试方案。测试方案要随着研制进程做必要的细化和修正。

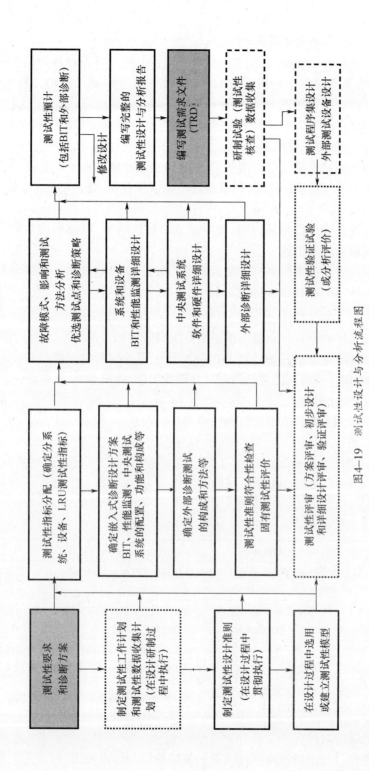

图4—19 测试性设计与分析流程图

3. 测试性建模和测试信息分析

建立产品的测试性模型,用于测试性分配、预计、分析设计和评价。进行故障模式、影响及测试方法分析,为测试性设计分析与验证提供相关技术信息。建立测试性模型要点如下:

(1) 可采用 GJB/Z 145"维修性建模指南"或其他的有关文件提供的程序和方法,建立产品的测试性模型。

(2) 建立测试性模型可以用手工,也可以通过计算机程序来实现。

(3) 对于不同层次的产品,只要是进行测试性分析、评价的对象,都应建立测试性模型。

(4) 在硬件设计许可范围内,尽早建立测试性模型,以便利用早期的模型发现需要采取的改进措施。

(5) 根据设计的进展和有关输入数据的增多、设计的变更和约束条件的变化,按需要及时修改测试性模型。

4. 测试性分配和预计

将产品顶层的测试性定量要求逐层分配到规定的产品层次,以明确产品各层次的测试性定量要求。估计产品的测试性水平并判断能否满足规定的测试性定量要求,评价和确认已进行的测试性设计工作,找出不足,改进设计。

1) 测试性分配

测试性分配主要在方案论证和初步设计阶段进行,但有一个逐步深入和修正的过程。

系统的测试性指标是由订购方确定的,承制方应将系统测试性指标,主要是 FDR 和 FIR 要求值,分配给系统的各组成单元,一般为 LRU 级产品。可用的测试性分配方法如表 4-10 所列。

表 4-10   测试性分配方法的适用条件及特点

序号	分配方法	适用条件	分配方法特点
1	等值分配法	仅适用于各组成单元特点基本相同的情况	系统指标与其各组成单元指标相等,无需具体分配工作
2	按故障率分配法	适用于各组成单元的故障率不相同的情况	故障率高的组成单元分配较高的指标,有利于用较少的资源达到系统指标要求,分配工作较简单
3	综合加权分配法	适用于各组成单元的有关数据齐全的情况	考虑到故障率、故障影响、MTTR 和费用等多个影响因素及其权值,分配工作较繁琐
4	有老产品时分配方法	仅适用于有部分老产品时的情况	考虑到系统中有部分老产品时的具体情况

2) 测试性预计

测试性预计是估计所有测试方法的故障检测与隔离能力,常用的工程分析

步骤如下:

（1）分析每一故障模式能否被 BIT、ATE、用户和维修人员检测和隔离,隔离到哪一级可更换单元,模糊度是多少。

（2）将每一故障模式的故障率及分析结果填入 UUT 测试性预计工作单表格。

（3）分别统计每种测试方法可检测的故障模式的故障率(D)、可隔离的故障模式的故障率(IL)和故障模式的总故障率(S)。

（4）结果分析。将 FDR 和 FIR 的预计值与规定值比较,看是否满足要求。列出不能检测或不能隔离的故障模式和功能,并分析它们对安全、使用的影响。必要时提出改进测试性设计的建议。

4.6.4 测试性试验与评定

1. 测试性验证内容

测试性验证的内容,包括产品研制要求、技术合同或技术规范中规定的测试性定量要求和定性要求的全部内容。

1）定量考核的内容

目前,在量化要求中,一般只规定 FDR、FIR、FAR 的指标,未规定故障检测与隔离时间、不能复现(CND)比例、重测合格(RTOK)比例的指标。所以,测试性验证时定量考核的重点是 FDR、FIR、FAR 三个指标,包括 BIT 的指标和使用 ATE 的指标。

2）定性考核的内容

测试性验证时定性考核的内容包括划分要求、测试点要求、性能监控要求、故障指示与存储要求、原位检测和中央测试系统要求、兼容性要求、综合测试能力要求和有关维修测试需求文件的完整性、适用性要求等。

3）测试性验证与其他验证的关系

由于测试性与产品的性能、维修性、可靠性密切相关,所以测试性验证应尽可能与维修性试验、可靠性试验与性能试验等相结合,以避免不必要的重复工作,节约时间和费用。

2. 获取故障样本的方法

常用故障样本获取途径如表4-11所列。

表4-11　常用故障样本获取途径

序号	获取故障样本途径	数据收集过程和特点	适用条件
1	注入故障试验数据收集	收集的是在内场注入故障试验过程中的有关数据,受试产品符合设计定型技术状态,试验时间集中,收集数据工作较简单,统计判别容易,收集的数据符合测试性验证试验要求	适用于可以注入足够数量故障的产品

序号	获取故障样本途径	数据收集过程和特点	适用条件
2	研制阶段数据收集	收集的是研制过程中的有关数据,受试产品处于不同技术状态。收集数据时间较长,数据的分析、确认、统计工作量大,取得足够的符合测试性验证要求的数据有一定的困难	适用各类产品,但分析确认工作量大,合格数据量不一定满足验证要求
3	现场运行数据收集	收集的是现场试验过程中的真实故障检测和隔离数据,受试产品符合设计定型技术状态。但与注入故障试验比较,所需试验时间较长、数据统计分析工作较困难	适用各类产品,但分析确认工作量大,需要时间长

3. 测试性验证试验方案

选用测试性验证试验方案时可参考表 4-12 给出的各验证方案的特点。

表 4-12　常用测试性验证试验方案

验证试验方案	主要特点	适用条件	参考文献
估计参数值的验证方案(基于二项分布和检验充分性)	合格判据合理、准确; 考虑产品组成特点; 给出参数估计值; 可查数据表方法简单; 分析工作多一些	适用于有置信度要求的指标; 不适用于有 α、β 要求的情况	GB 4087.3 二项分布单侧置信下限; 有关资料
最低可接收值验证方案(基于二项分布和检验充分性)	合格判据合理、准确; 考虑产品组成特点; 可查数据表方法简单	适用于验证指标的最低可接收值; 不适用于有 α 要求的情况	GB 4087.3 二项分布单侧置信下限; 有关资料
考虑双方风险的验证方案(基于二项分布)	合格判据合理、准确; 明确规定 n 及 c; 可查数据表相对简单; 未给出参数估计值; 未考虑产品组成特点	要求首先确定鉴别比和 α、β 的量值; 不适用于有置信度要求的情况	GJB z20045; GB 5080.5; GJB 1298
GJB 2072 的验证方案(基于正态分布)	比原美军标方法有改进; 可计算出下限值近似值,准确度低; 未考虑产品组成特点	适用于验证指标的最低可接收值; 不适用于有 α、β 要求的情况	GJB 2072; GJB 1135.3; GJB 1770

说明:α、β 为验证双方风险。

4. 测试性分析评价

对于难以用注入故障方式进行测试性验证试验的产品,经订购方同意,可用综合分析评价方法替代测试性验证试验,即用分析评价方法确定产品是否满足规定的测试性要求。

(1)测试性分析评价可利用的信息有各种研制试验过程中自然发生或注入故障的检测、隔离信息,虚警信息;试运行数据;测试性核查资料;低层次产品测试性试验数据综合、同类产品测试性水平对比分析;测试性预计、测试性仿真或虚拟样机分析、测试性设计缺陷分析等。所采用的测试性分析评价的方法、利用的数据、评价准则和评价的结果均应经订购方认可。

(2)通过对有关测试性信息的分析和评价,确认是否已将测试性/BIT 设计到产品中,依据收集到的故障检测与隔离数据,估计 FDR 和 FIR 量值,从而判断测试性设计是否可达到规定要求。

(3)完成测试性分析评价后,应编写出测试性分析评价报告,并经订购方审定。设计定型时的测试性分析评价结果可为使用期间测试性评价提供支持信息。

5.测试性核查(研制试验)

测试性核查是承制方为实现产品测试性要求的、贯穿于整个研制过程中的不断进行的分析与评定工作,是产品研制试验的组成部分。

(1)测试性核查的目的是通过检查、试验与分析评定工作,鉴别设计缺陷,采取纠正措施,最终满足规定的测试性设计要求。

(2)测试性核查的方法比较灵活。

① 应最大限度地利用研制过程中各种试验(如利用样机或模型进行的各种研制试验、合格鉴定、维修性和可靠性试验等)所获得的故障检测与隔离数据,必要时还可采用注入故障方式获取需要的测试性试验数据。

② 还应尽可能利用各种成熟的建模与仿真技术、维修性核查资料、相似产品经验教训等,开展测试性核查工作,以便尽早发现设计缺陷,改进测试性设计。

③ 还可以通过对故障模式及测试方法分析、测试性预计等测试性设计与分析资料进行核查,发现问题,采取改进措施,提高测试性。

(3)完成核查后应编写出测试性核查报告,主要内容包括核查的产品、采用的核查方法、获得的测试性数据、改进设计的结果等。

4.7 安全性技术

4.7.1 安全性概述

安全性工程是指为达到产品的安全性要求而进行的一系列设计、研制、生产、试验和管理工作。为保证装备满足预期的安全性要求,在研制过程中实施安全性工程的工作重点是:

（1）根据研制任务要求和系统技术特性，识别并分析装备所有潜在的危险因素；

（2）分析评价这些危险因素的风险，通过排序确定采取安全性措施的优先顺序；

（3）有针对性地确定并采取安全性措施，并验证其有效性；

（4）确认所有已识别的危险因素已控制在可接受的范围，评价装备安全性是否满足预期要求。

4.7.2 安全性要求

安全性要求是进行安全性设计、分析、试验和验收的依据。正确、科学地确定各项安全性要求是一项重要而复杂的系统工程工作。设计人员只有在透彻地了解了这些要求后，才能将安全性正确地设计到产品中去。

安全性要求可以分为两大类。第一类是定性要求，即用一种非量化的形式来设计、评价，从而保证产品的安全性。第二类是定量要求，即规定产品的安全性参数、指标和相应的验证方法。用定量方法进行设计分析，用增长或验证方法进行安全性验证，从而保证产品的安全性。

1. 定性要求

我国国家军用标准 GJB 900—1990《系统安全性通用大纲》、XKG/A01—2009《型号安全性分析与危险控制应用指南》和美国军用标准 MIL - STD - 882D《系统安全的标准作法》等都对军用装备规定了安全性要求，包括对危险影响的严重性和危险发生的可能性的要求。

1）危险(事故)影响的严重性

危险(事故)影响的严重性对由人为差错、环境条件、设计缺陷、规程错误、系统(分系统或设备)故障等引起的事故后果规定了定性的要求，一般分为四级：灾难的(Ⅰ)、严重的(Ⅱ)、轻度的(Ⅲ)和可忽略的(Ⅳ)，详见表4－13。对具体的系统来说，危险(事故)严重性等级的划分应由订购方和承制方共同商定。

表4－13　危险(事故)严重性等级分类

等级	等级说明
Ⅰ(灾难的)	人员死亡，系统报废，长期的环境破坏等
Ⅱ(严重的)	人员严重受伤，严重职业病，需大修才能恢复的严重损坏，主要设备报废，中期的环境破坏等
Ⅲ(轻度的)	人员轻度受伤、轻度职业病或各类主要设备轻度损坏或低值辅助设备报废，短期的环境破坏等
Ⅳ(可忽略的)	没有人员受伤和职业病，很小或容易整治的环境破坏等

2）危险(事故)发生的可能性

危险(事故)发生的可能性对由人为差错、环境条件、设计缺陷、规程错误、系统(分系统或设备)故障等引起的事故发生的可能性规定了要求,一般分为五级:频繁(A)、很可能(B)、偶然(C)、极少(D)和不可能(E),详见表4-14。

表4-14 危险(事故)可能性等级分类

等级	发生程度	产品个体	装备总体
A	频繁	寿命期内可能经常发生,其概率等于和大于 10^{-1}	连续发生
B	很可能	寿命期内可能发生几次,其概率小于 10^{-1},大于 10^{-2}	经常发生
C	偶然	寿命期内有时可能发生,其概率小于 10^{-2},大于 10^{-3}	发生几次
D	极少	不易发生,但在寿命期内可能发生,其概率小于 10^{-3},大于 10^{-6}	很少发生,预期可能发生
E	不可能	很不易发生,在寿命期内可能发生的概率小于 10^{-6}	极少发生,几乎不可能发生

表注:GJB 900—90 没有规定事故发生的概率量值。

3）风险影响

安全性要求还可以采用风险评价指数来度量。表4-15为一种风险评价指数矩阵的示例。矩阵中的数值称为风险评价指数。指数1～20是根据危险(事故)可能性和严重性综合而确定的。通常将最高风险指数定为1,对应的危险事件(事故)是频繁发生并具有灾难性后果。最低风险指数20,对应的危险事件(事故)几乎不可能发生并且后果是轻微的。数字等级的划分应根据具体对象制定。表中给出的风险评价指数1～20分别表示风险的范围和四种不同的决策:

表4-15 风险评价指数矩阵示例

可能性等级 ＼ 严重性等级	Ⅰ(灾难)	Ⅱ(严重)	Ⅲ(轻度)	Ⅳ(轻微)
A(频繁)	1	3	7	13
B(很可能)	2	5	9	16
C(偶然)	4	6	11	18
D(极少)	8	10	14	19
E(不可能)	12	15	17	20

（1）评价指数为 1～5,不可接受的风险；

（2）评价指数为 6～9,不希望有的风险,需由订购方决策；

（3）评价指数为 10～17,经订购方评审后可接受；

（4）评价指数为 18～20,不经评审即可接受。

2. 定量要求

为了对装备及某些安全关键的系统或设备提出定量的安全性设计要求,通常采用各种安全性参数进行度量,常用的安全性参数有事故率或事故概率、损失率或损失概率和安全可靠度等。

1）事故率或事故概率(AP)

事故率或事故概率(Accident Probability (AP) or Accident rate) 是安全性的一种基本参数。其度量方法为:在规定的条件下和规定的时间内,装备的事故总次数与寿命单位总数之比。

2）损失率或损失概率(LP)

损失率或损失概率(Loss Probability (LP) or loss rate) 是安全性的一种基本参数。其度量方法为:在规定的条件下和规定的时间内,系统的灾难性事故总次数与寿命单位总数之比。

3）安全可靠度(SR)

安全可靠度(Safety Reliability, SR) 是与故障有关的安全性参数。其度量方法为:在规定的条件下和规定的时间内,在装备执行任务过程中不发生由于设备或部件故障造成的灾难性事故的概率。

4.7.3　安全性设计与分析

1. 安全性分析

安全性分析是在装备研制的初期开始进行的系统性的检查、研究和分析,它用于检查装备或设备在各使用模式中的工作状态,确定潜在的危险,预计这些危险对人员伤害或对设备损坏的严重性和可能性,并确定消除或减少危险的办法,以便能够在事故发生之前消除或尽量减少事故发生的可能性或降低事故有害影响的程度。

为了使系统具有最佳的安全性,系统设计人员必须掌握系统危险的所有信息,而且采用系统性的分析方法。通常选择下述的一种或几种系统性的分析方法。

安全性分析包括定性分析和定量分析。当对具体的系统进行分析时,根据系统的特点以及用户的要求可采用各种具体的定性及定量分析方法。

定性分析用于检查、分析和确定可能存在的危险、危险可能造成的事故以及可能的影响和防护措施。常用的定性分析方法有故障危险分析(FaHA)、故障模式及影响分析（FMEA）、故障树分析（FTA）、潜在通路分析（SCA）、事件树分析（ETA）、意外事件分析（CA）、区域安全性分析（ZSA）等。

定量分析用于检查、分析并确定具体危险、事故可能发生的概率，比较系统采用安全措施或更改设计方案后概率的变化。定量分析日前主要用于比较和判断不同方案所达到的安全性水平，作为对有关安全性更改方案决策的基础。定量分析必须以定性分析作为依据，常用定量的安全性分析方法有故障模式、影响及危害性分析（FMECA）、故障树分析（FTA）和概率风险分析等。

由于民用飞机、航天飞机等大型复杂系统的事故造成的影响太大，人们期望在系统研制中就能准确估计系统可能发生事故的概率，世界各国都在努力发展更准确的定量风险评估方法——概率分析法。

此外，随着信息技术的飞快发展，建模与仿真技术、虚拟现实技术等在安全性分析领域的应用也在快速发展，例如，NASA已建立用于航空航天飞行器安全性分析的虚拟实验室。

表4-16从适用阶段、分析方式、分析方法、结果应用、使用文件及分析问题等方面对上述几种常用分析方法进行了比较。

表4-16 几种常用分析方法的比较

比较项目	分析方法	FaHA	FMECA	FTA	SCA	ZSA
适用阶段	论证					
	方案	√	√	√		
	工程研制	√	√	√	√	√
	生产	√	√	√	√	√
分析方式	手工	√	√	√	√	
	半自动	√	√	√	√	
分析方法	定性	√	√	√	√	√
	定量		√	√		
结果应用	安全性	√	√	√	√	√
	可靠性	√	√	√		
	故障隔离		√	√		
	设计有效性评价				√	√
使用文件	功能框图	√	√			
	工程图样	√	√	√	√	√
	总体图	√	√	√	√	√
	生产图样	√	√	√	√	√
	布线图		√	√	√	

比较项目 \ 分析方法		FaHA	FMECA	FTA	SCA	ZSA
分析问题	潜在通路				√	
	潜在信号				√	
	潜在指示				√	
	潜在定时				√	
	故障部件	√	√	√		

2. 安全性设计

安全性设计是通过各种设计活动来消除和控制各种危险,防止所设计的系统在研制、生产、使用和保障过程中发生导致人员伤亡和设备损坏的各种意外事故。为了全面提高现代复杂系统的安全性,在安全性分析的基础上,系统设计人员必须在设计中采取各种有效措施来保证所设计的系统具有要求的安全性。

为满足规定的安全性要求,可以采用各种不同的安全性设计方法,根据采取安全性措施的优先顺序,安全性设计思路和方法大致可包括如下 14 种。

1）控制能量

在研究安全性的问题时,基于任何事故影响的大小直接与所含能量有直接关系,提出了通过控制能量来确保安全的方案。

安全性设计和分析人员必须对具体的系统进行分析,如进行初步危险分析、确定可能发生最大能量失控释放的地方,即可能产生最大人员伤亡、设备损坏和财产损失的危险;考虑防止能量转移或转换过程失控方法,及尽量减少不利影响的方法。这是设计一个安全系统必须做出的最大努力。

2）消除和控制危险

通过设计消除危险和控制危险严重性是避免事故发生、确保系统的安全性水平的最有效方法。

（1）通过设计消除危险。

精心设计和认真选择材料,可消除某些危险,常用的方法有如下几种:

① 通过设计消除粗糙的棱边、锐角、尖端和出现缺口、破裂表面的可能性,以防止皮肤割破、擦伤或刺伤;

② 在填料、液压油、溶剂和电绝缘等这类产品中使用非易燃的材料,以防着火;

③ 采用气压或液压系统代替电气系统,以避免电气起火或过热;

④ 用液压系统代替气压系统,以避免可能产生冲击波而使压力容器破裂爆炸;

⑤ 用连续的整体管道代替有多个接头的管道,以消除接头的泄漏;

⑥ 消除凸出部位(例如装备驾驶舱的把手和装饰品)以防装备颠簸时可能造成的人员伤害;

⑦ 可燃物体及材料(如饰布等)燃烧时不应产生有毒气体。

(2) 控制危险严重性。

在完全消除危险成为不可能或不实际的情况下,可以通过控制潜在危险的严重性,使危险不致于造成人员受伤或设备损坏。

3) 隔离

隔离是采用物理分离、护板和栅栏等将已确定的危险同人员和设备隔开,以防止危险或将危险降低到最低水平,并控制危险的影响。这是最常用的安全性措施。

隔离可用于分离接触在一起会导致危险的不相容器材。例如,着火需要燃料、氧化剂和火焰三个要素同时存在,如果将这些要素中的一个与其他隔离,则可消除着火的可能性。某些极易燃的液体存放在容器中,在其上充填氮气或其他惰性气体,以避免这些液体与空气中的氧气接触。此外,隔离还用于防止放射源等有害物质等对人体的伤害。

4) 闭锁、锁定和联锁

闭锁、锁定和联锁是一些最常用的安全性设计措施。它们的功能是防止不相容事件在不正确的时间或以错误的顺序发生。

(1) 闭锁和锁定。

闭锁是防止某事件发生或防止人、物等进入危险区域;反之,锁定则是保持某事件或状态,或避免人、物等脱离安全的限制区域。例如,将开关锁在开路位置,防止电路接通时闭锁;类似地将开关锁在闭路位置,防止电路被切断称为锁定。

(2) 联锁。

联锁是最常用的安全措施之一,特别是电气设备经常采用联锁装置。在下述情况下常采用联锁安全措施:

① 在意外情况下,联锁可尽量降低某事件 B 意外出现的可能性。它要求操作人员在执行事件 B 之前要先完成一个有意的动作 A。例如,在扳动某个关键性的开关(B)之前,操作人员必须首先打开保护开关的外罩(A)。

② 在某种危险状态下,确保操作人员的安全。例如,在高压设备舱的检查舱门上设置联锁装置。

③ 在预定事件发生前,操作顺序是重要的或必要的,而且错误的顺序将导致事故发生,则要求采用联锁。例如,一个联锁装置可以要求在启动会发热的系统之前先接通冷却装置。

5）概率设计和损伤容限

（1）概率设计。

采用安全系数法来尽量减少结构或材料的故障是一种经典的方法。它使结构或材料的强度远大于可能承受应力的计算值，目前广泛用于各种工程设计中。例如，飞机和压力容器结构静强度设计的安全系数分别为 1.5 和 3～5，基本上保证了飞机和压力容器的安全性。

然而，飞机及压力容器等采用安全系数设计的结构也会产生破坏。这说明传统的安全系数法有时并不安全。其主要原因是在实际的使用环境中，结构及材料的强度及其所承受的应力不是固定值，而是遵循某一分布规律的随机变量，即使在强度均值大于应力均值的情况下，由于应力与强度分布存在分散性，也将使设备及材料产生破坏，而引起事故发生。因此采用强度与应力分布模型开展机械结构的概率设计能更有效地降低故障率，提高系统的安全性。

（2）损伤容限。

损伤容限是指结构在规定的无维修使用期内，能够耐受由缺陷、裂纹或其他损伤引起的破坏而不损害使用安全的能力，它是关系到系统使用安全的重要特性。

损伤容限设计的目标是使系统的关键结构不会产生由于材料、工艺和使用中的缺陷造成的潜在危险。

损伤容限设计是通过对材料的选择与控制、应力水平的控制、采用抗断裂设计、制造和工艺控制和采用周密的检测措施等途径来实现的。

6）降额

降额是使元器件以承受低于其额定应力的方式使用。电子设备通常采用电子元器件降额的设计方法（相当机械设备采用安全系数法）来提高系统及设备的可靠性及安全性。在实际应用中，实现降额的方法一种是降低元器件的工作应力，另一种是提高元器件的强度，即选用更高强度的元器件。

7）冗余

冗余设计是提高安全性及可靠性的一种常用的技术。它通过采用多个部件或多个通道来实现同一功能以达到提高安全性及可靠性的目的。现代装备的控制系统等复杂、关键的安全性系统都采用各种冗余技术。

根据具体的应用场合，包括故障的检测方法和冗余单元在系统中的配置，冗余可大致分为两大类：

① 工作冗余——所有冗余单元同时工作；

② 备用冗余——只有当执行功能的主单元（或通道）故障之后，备用单元（或通道）才接入系统开始工作。

8）状态监控

状态监控作为尽量减少故障发生的一种方法，它持续地对诸如温度、压力等所选择的参数进行监控，以确保该参数不会达到可能导致意外事故发生的危险程度。因此，状态监控能够避免可能急速恶化为事故的意外事件。监控过程通常包括检测、测量、判断和响应等功能。

监控装置通常可以指示下述状态：

（1）系统或其某一分系统或部件是否准备好投入工作，或正在按规定计划良好地工作；

（2）是否提供所要求的输入；

（3）是否产生所要求的输出；

（4）是否满足规定的条件；

（5）是否超过规定的限制；

（6）被测参数是否异常。

9）故障—安全

故障—安全设计确保产品故障不会影响安全性，或使系统处于不会伤害人员或损坏设备的工作状态。在大多数的应用中，这种设计在系统发生故障时便停止工作。在任何情况下，故障—安全设计的基本原则必须保证：

（1）保护人员安全；

（2）保护环境，避免引起爆炸或火灾之类的灾难事件；

（3）防止设备损坏；

（4）防止降低性能使用或丧失功能。

故障—安全设计包括如下三类：

（1）故障—安全消极设计（也称故障—消极设计）。这种设计当系统发生故障时使系统停止工作，并且将其能量降低到最低值。

（2）故障—安全积极设计（也称故障—积极设计）。这种设计在采取纠正措施或起动备用系统之前，使系统保持接通并处于安全状态，采用备用冗余设计通常是故障—积极设计的组成部分。

（3）故障—安全工作设计（也称故障—工作设计）。这种设计能使系统在采取纠正措施前继续安全工作，这是故障—安全设计中最可取的类型。

在工程设计中，可运用各种原理来实现故障—安全设计。例如：飞机起落架收放系统的设计，当起落架收放的液压系统发生故障时，仍可放下起落架并将它锁定在着陆位置，保护飞机安全着陆。

10）告警

告警通常用于向有关人员通告危险、设备问题和其他值得注意的状态，以便使有关人员采取纠正措施，避免事故发生。告警可按接收告警人员的感觉分为视觉、听觉、嗅觉、触觉和味觉等许多种告警方式。在某些关键情况下，常同时采用视觉和听觉等类告警。

11）标志

标志是一种很特殊的目视告警和说明手段。它是一种最常用的告警方法。传统上，标志是在设计师的指导下进行设计并标在设备的特定位置上。它包括文字、颜色和图样，以满足告警的要求。

在产品设计中，不能提供合适的告警被认为是一种设计缺陷；制造厂或设计部门不能提供对可能导致人员伤亡的危险的警告是一种失职。为在任何情况下都能充分提供告警，告警标志必须包括的基本信息项目如下：

（1）引起可能处于特定危险下的使用人员、维修人员或其他人员注意的关键词；

（2）对防护危险的说明；

（3）对为避免人员伤害或设备损坏所需采取措施的说明；

（4）对不采取规定措施的后果的简要说明；

（5）在某些情况下，也要说明对忽视告警造成损伤后的补救或纠正措施，如毒药的解毒剂、电击事件中的急救说明。

12）损伤抑制

前面叙述的隔离和防护设备是常用的损伤抑制方法。人员防护设备是尽量减少事故伤害的一种有效方法。它为使用人员提供一个有限的可控环境，将使用人员与危险的有害影响隔离开。人员防护设备由穿或戴在身上的外套或器械组成。包括从简单的耳塞到带有生命保障设备的宇航员太空服。

能量缓冲装置是一种防护设备，它可以保护人员、器材和精密设备避免受冲击的影响。例如，汽车、飞机驾驶员座椅的安全带、缓冲器和座椅衬垫可降低事故中车内、机内人员的伤亡。此外，储存或运输容器内的泡沫塑料和类似的软垫材料，在容器跌落或剧烈震动时，可保护容器内的物品免受损坏。

13）逃逸、救生和营救

逃逸和救生是指人员使用本身携带的资源自身救护所作的努力；营救是指其他人员救护在紧急情况下受到危险的人员所作的努力。从意外事件发生直到从紧急情况下恢复，消除危险和可能的损坏，隔离不利的影响和恢复正常的状态等努力都失败后，逃逸、救生和营救便是不可缺少的。

逃逸、救生和营救设备对于所需的场合来说是极为重要的，但只能作为最后依靠的手段来考虑和应用。系统设计应尽量采用安全装置和规程，以避免采用逃逸和营救设备。然而，在危险不可能完全消除时，必须采用逃逸、救生和营救设备。

14）薄弱环节

所谓薄弱环节指的是系统中容易出故障的部分(设备、部件或零件)。它将在系统的其他部分出故障并造成严重的设备损坏或人员伤亡之前发生故障。设计人员可利用薄弱环节来限制故障、偶然事件或事故所造成的损伤。常用的薄弱环节有电、热、机械或结构等类型。

（1）电薄弱环节。在电路中采用的保险丝和断路器是常用的电薄弱环节，它用于防止持续过载而引起的火灾或其他损坏。

（2）热薄弱环节。蒸气清洁器中蒸发器的易熔塞是常见的一个热薄弱环节,作为安全保险。

（3）机械薄弱环节。靠压力起作用的保险隔膜是最常见的机械薄弱环节。例如,压力灭火器所用的安全隔膜。

（4）结构薄弱环节。结构设计中某些低强度的元件就是结构薄弱环节。它设计成在某个特定的点或沿着某个特定的线路破坏。例如,主动连轴节中的剪切销,它设计成在持续过载会损坏传动设备或从动设备之前先损坏。

4.7.4　安全性验证

1. 验证的对象、目的与时机

1）对象

本工作的对象是系统中的安全关键的产品(包括硬件、软件和规程),即对系统的安全使用来说要对它们作正确的识别、控制和保持其正常的性能和容差的那些产品。如果它们不符合规定的安全性要求,就会引起系统的事故。

一般来说,安全关键的产品应该包括:系统、分系统或部件中的指挥与控制单元;引信、发射电路、军械保险装置和任何危险严重性等级为Ⅰ级或Ⅱ级危险的硬件、软件和规程(例如应急规程、弹药退役规程等)。

2）目的

主要是验证安全关键的硬件与软件设计以及安全关键规程制定是否符合研制总要求或研制合同等文件中的安全性要求,即系统及其安全关键产品是否达到规定的安全性水平、能否安全地执行规定的功能和按规定的方式安全使用。

3）进行时机

本工作一般适用于方案阶段和工程研制阶段,寿命周期的其他阶段可选用。各项验证工作应尽早进行,以便及时对设计中的安全性缺陷采取纠正措施。

2. 验证方法及其适用范围

安全性验证方法包括定性和定量方法,主要有分析、检查、演示和试验等四种,应根据不同的验证对象和验证要求,选择适用的验证方法。

1）分析

分析验证包括分析原来的工程计算,以确定所设计的硬件按要求运行时能否保持其完整性;核算各种器材所受的载荷与应力,及其相应的尺寸、加速度、速度、反应时间等;验算设计师对产品安全性设计所作的其他工程计算等,例如分析高压容器的金属壳体厚度,确定栓接法兰盘所需的螺栓数量与尺寸等;利用建模仿真和虚拟现实技术进行验证,例如验证核潜艇、航空航天飞行器等复杂系统的事故发生过程和操作规程,确定系统能否达到规定的安全性要求。分析验证适用范围广,可用于各种安全性定性验证和某些产品的安全性定量验证,例如一些大型复杂系统或高安全性要求的设备的安全性定量要求,可采用综合评估、利用相似产品验证的安全性数据进行类比分析或采用建模仿真分析进行验证。

2）检查

检查验证一般不用专用的实验室设备或程序,而是通过目视检查或简单的测量,对照工程图样、流程图或计算机程序清单来确定。检查验证包括产品是否符合规定的安全性要求,如是否存在某种有害状态、有无不适合的材料、有无所需要的安全装置等。安全性检查验证的典型例子有:确定产品是否存在会伤害人体的机械危险部位和会使人触电的电路,护板的开口是否合适、有无告警标志等。检查验证适用于系统安全性定性要求验证,由于这种方法简易可行,是系统定性要求验证最优先采用的方法。

3）演示

演示验证通常不是用测量设备来测量参量,而是用"通过"或"通不过"的准则来验证产品是否以安全的、所期望的方式运行,或者一种材料是否具有某种有害的特性。演示验证的例子有:接通应急按钮能否终止设备的运行、绝缘物是否不易燃烧等。演示验证适用于系统安全性定性要求验证,当采用检查验证方法不能完全满足验证要求时,可通过在模型、样机、产品上进行实际操作演示,以验证要求是否达到。

4）试验

试验是一种采用仪器、设备和其他的模拟技术,在各种模拟或真实条件下,测量产品具体参量的验证方法,通过对试验数据的分析评价或评审来确定。试验包括所测定的结果是否处于所要求的或可接受的安全性限度之内,包括实验室试验和现场试验(如飞行试验)等。通过试验也可观察到产品在规定的载荷、应力或其他条件下是否会引起危险、损伤或事故。这类验证方法的例子有:高压设备的耐压试验、设备的噪声水平试验、螺栓的强度试验等。试验验证适用于各种系统或设备的安全性定量要求验证,具体产品的验证可根据产品的层次、类型和安全性指标选择实验室试验或现场试验。

3. 选择验证方法应考虑的因素和选择原则

1）应考虑的因素

产品安全性要求验证方法选用时，一般应考虑以下因素：

（1）受验产品的安全性要求是定量要求还是定性要求。

（2）受验产品的产品层次（如系统、分系统、设备等）。

（3）受验产品的产品类别（如机械类、电子类、机电类等）及其重要度分类（如关键、重要、一般）。

（4）验证时机。

（5）各类验证方法需满足的条件，如受验产品的技术状态与数量要求、实验室条件、验证实施所需保障条件及各类验证方法所必须具备的前提条件；同时还要考虑能否直接收集到足够的验证信息、数据，是否有已经验证的相似产品的安全性数据等。

（6）验证所需的时间进度、经费和环境等约束条件等。

2）选择的原则

产品安全性要求验证方法选用的一般原则如下：

（1）安全性验证应根据具体验证对象的安全性要求，综合权衡验证对象的重要性、费用和进度等因素，在保证验证有效性的基础上，选择一种或几种验证方法。安全性验证中所采用的验证方法应经过订购方的同意。

（2）验证方法选择的优先顺序为：分析、检查、演示、试验。当使用分析和检查验证方法不能满足要求时，就应使用演示或试验验证方法。

（3）试验验证方法的选择，当进行系统的安全性定量要求验证时，应首先选用现场试验验证方法；如果验证关键设备的安全性定量要求，通常优先选用实验室试验验证方法；对于在研制总要求或研制合同中有安全性定性要求的设备而要验证时，通常优先选用现场试验验证方法。

（4）当试验能力不足、费用过高或试验条件满足不了试验验证要求时，经订购方同意，可通过选择低层次产品的试验和高层次产品的分析相结合的方法验证高层次产品的安全性要求，或选用建模仿真分析等验证方法。

（5）对于不能通过设计消除其灾难性后果，而需采用安全装置、报警装置和专用规程来控制危险的项目，应通过专门的安全性试验来验证其安全性。

（6）已经确认的所有安全关键功能和安全关键项目，对其与安全性有关的性能、尺寸等要求有偏离或超差者都必须进行强制性的检查或试验，以作为其接受或拒收的依据。

4. 安全性试验与演示应考虑的问题

1）试验的替代

如果试验工作因费用过高或某些环境条件（如宇宙空间）无法模拟而不可

行时,在订购方的认可下,可用类推(或称类比)法、全尺寸功能模型或小尺寸模型的模拟来代替产品实物的安全性验证试验。

2)试验方案设计

试验方案设计时要权衡以下各点:

(1)不同产品层次的试验量。

如研制早期在较低层次上的试验较多,就可减少以后在较高层次上的试验,故要权衡这两者之间的费用与效益。当然,对较低层次的试验条件应比对较高层次的试验条件严格一些。

(2)软件的验证。

通过对在研制早期使用模拟装置完成对软件的验证所需的费用,与在研制后期使用硬件产品来验证软件所需的费用进行权衡,即对研制模型装置所需的费用与使用模拟装置作验证所需的费用进行权衡,确定经济有效的软件验证方法。

(3)试验设施和试验设备。

要对使用现有的试验设施和试验设备,还是采购或研制新的具有较高性能的试验设施与设备进行权衡,选取满足产品安全性试验要求的试验设施和试验设备。

3)故障的注入

应该考虑用诱发故障或模拟故障的方式来验证安全关键产品的故障模式,以及验证这类产品的安全性是否符合要求。

4)样本量

一般来说,受试样品的数量应满足统计学的要求。但在要求以高置信度验证低故障率的情况下,有时样本会需要大到在经济上或时间上不可行,此时要改用可行的验证方法;或者结合适当的措施,采用可行的样本量。

4.7.5 安全性评价

安全性评价是针对已完成的各项安全性工作,综合评价系统的安全性所进行的工作。

1. 评价的对象、目的与时机

1)对象

本工作的对象主要是系统(或设施),但也适用于需单独作试验的和由转承制方研制的产品。

2)目的

本工作的目的是全面评价系统所预计的风险,识别系统的所有安全特性和评审试验人员或使用人员应遵守的具体规程和注意事项,以确定系统残留的风险水平是否符合规定的要求,并使试验或使用人员了解系统设计中所残余的所有危险和应遵守的注意事项,使系统能安全地试验或使用,或能做出决断:系统是否可以进入下一个研制阶段。

3)进行时机

本工作可在寿命周期的各阶段中选用,包括在各次研制试验与使用试验前、进入下一个研制阶段前和使用前进行。其报告至少要在试验前、相应里程碑或使用前的规定时间内提交给有关单位,以便使他们能及时把系统的安全性问题纳入系统试验、储运和使用的计划与规程中。

2. 评价方法

常用的安全性评价方法包括风险评价和安全性综合评价两种方法。评价可以是定性的,也可以是定量的,但应尽可能定量化。

1)风险评价

风险评价是根据危险事件发生的可能性及其后果严重性,评定系统或设备的预计损失和采取措施的有效性的一种安全性评价方法。风险评价过程由风险分析和风险评定两部分组成,前者包括风险鉴别和风险估算,后者包括风险处理和风险接受。常用的风险评价方法如下:

(1)风险评价指数法(RAC)。它是 GJB 900 规定采用的一种定性评价方法,具有简单直观、使用方便的优点,其缺点是风险评价指数通常是主观制定的。

(2)总风险暴露指数法(TREC)。它是 RAC 法的进一步发展,将危险严重性尺度的范围扩大了,并将所有损失的大小以货币表示,在一定程度上是一种定量评价方法。

(3)基于可靠性工程的概率风险评价法(PRA)。目前概率风险评价有许多方法,本方法是以可靠性工程原理与实践经验为基础进行风险评价的一种定量评价方法,已在核工业、化工、航空与航天领域的安全性评价中得到应用。

(4)火灾爆炸指法(FEI)。它是根据易发生火灾和爆炸的原材料的物理化学性质,结合它们的具体危险和过程处理特点,对其潜在火灾爆炸的风险以指数方式进行估算的一种定量风险评价方法,主要用于评价弹药之类易爆、易燃物质在贮存、装运或处理工作中存在的危险。

2)综合评价

综合评价法是汇集所有的安全性工作的报告和有关资料,根据这些资料对系统中残留危险的风险进行综合分析和评审并做出评价结论。综合评价的主要内容包括:

(1)对风险评价的方法和准则的评价。

它包括风险评价所用的方法和危险严重性、危险可能性分级所用的准则,以及这些方法与准则所依据的前提,包括订购方规定的风险可接受水平。

（2）对系统及其使用说明的评价。

① 对系统所用的各种规程的说明,注意系统中与各种使用规程有关的安全特性、控制和应遵守的程序。

② 对保证安全使用所需的专门规程包括应急规程的说明。例如,武器的防误射、迟射、早射规程,烟火弹及其发射器的装弹规程等。

③ 对安全使用、维修和退役所要求的防护设备、使用环境和具体的人员技能等级的说明,例如灭火设备、通风条件、防护服、护目镜等。

（3）对安全性数据的评价。

所有与系统研制有关的安全性数据,包括常见各类危险的、相似系统的、承制方和转承制方在研制中所提供的安全性数据,以及各种武器或爆炸性产品、辐射源使用危险区和靶场的安全性数据。

（4）对与安全性有关的分析与试验结果的评价。

包括在设计中和在评价中进行的所有与安全性有关的分析与试验结果、全部主要危险及其纠正措施的清单,以及这些纠正措施的有效性。

（5）对危险物与危险器材的数据和资料的评价。

系统和设备中所产生的危险物或所应用的危险器材的数据和资料,包括它们的种类、数量和潜在的危险,以及在使用、包装、装卸、贮存、运输和退役时所需的安全防护措施和规程。

3. 评价结论和建议

（1）说明对各项系统安全工作的结果的简要评价,并用表列出所有主要的危险以及具体的安全建议或确保安全所需的防护措施。所列的危险还要分类,说明在正常或不正常的使用条件下是否会发生危险。

（2）说明系统是否含有或会产生危险的(即爆炸性、毒性、放射性、致癌性等的)材料或物质。

（3）结论应包括已鉴别的所有危险是否已被消除或控制,系统是否含有或会产生危险的物质,以及系统是否可以试验、使用或进入下一个研制阶段。此外,承制方应对其系统与其他系统的接口安全提出适用的建议。

参考文献

[1] 课题组. 国防科技工业技术基础质量与可靠性专业技术体系研究报告[R]. 国防科技工业可靠性工程技术研究中心,2009.

[2] 康锐,王自力. 可靠性系统工程的理论与技术框架[J]. 航空学报,2005,26(6):633-636.

[3] 龚庆祥. 型号可靠性工程手册[M]. 北京:国防工业出版社,2007.

[4] 康锐. 可靠性维修性保障性工程基础[M]. 北京:国防工业出版社,2012.

[5] 康锐. 型号可靠性维修性保障性技术规范(第1、2、3册)[M]. 北京:国防工业出版社,2010.

[6] GJB 450A—2004 装备可靠性通用要求.

[7] GJB 451A—2005 可靠性维修性保障性术语.

[8] GJB 1909A—2009 装备可靠性维修性保障性要求论证.

[9] GJB 899A—2009 可靠性鉴定与验收试验.

[10] GJB/Z 57—1994 维修性分配与预计手册.

[11] GJB/Z 145—2006 维修性建模指南.

[12] GJB/Z 91—1997 维修性设计技术手册.

[13] GJB 2961—1997 修理级别分析.

[14] GJB/Z 151—2007 装备保障方案和保障计划编制指南.

[15] GJB 1371—1992 装备保障性分析记录.

[16] GJB 900—1990 系统安全性通用大纲.

[17] GJB/Z 99—1997 系统安全工程手册.

[18] ГОСТ 27.004—85《工程中的可靠性》工艺系统术语和定义[S].

第 5 章　质量检测技术

本章要点:首先剖析质量检测的任务,引出开展这些任务的技术需求,然后结合体系框架,按照现代科学技术三层构成原理及框架,对其主要基础理论、基础技术与应用技术展开简要介绍。

5.1　质量检测任务及技术特点

质量检测的目的是确定质量特性的量值,获得产品使用与性能变化数据,进而判断其是否符合规范或标准的要求,为质量特性的设计、评价、改进提供必要的数据支撑,随着科学技术的迅速发展,质量检验也发生了很大的变化。随着智能计算机的应用,感官检验的进一步科学化、数字化的深入发展,使质量检验已不再局限在定量质量特性的范围内,非定量化的感官性质量特性和检验逐步从经验判断向科学的计量方向发展。检验已不再局限于生产过程的狭窄范围内,也不仅是对实物的检验,检验的经济性评价与技术性评价同样受到重视。传统的检验方式主要是全检和抽检,在保证质量和节约检验费用的前提下,许多发达国家在生产过程中的无检验方式得到推广。

从武器装备的研制生产到使用维护,检测技术有机地与设计、工艺和使用密切结合,贯穿于研制的整个过程,严格对检测人员、设备、材料、标准、环境与设施等影响检测结果正确性的因素实施控制,降低产品研制成本和风险,提高武器装备质量和可靠性水平。

由于武器装备本身的高度复杂性、材料结构多样化和装备全寿命周期安全评估的高难度,加之我国国防科技工业基础研究能力不强、材料基础不实和制造能力总体不稳,我国武器装备领域检测技术专业的现实短板十分明显,具体体现在:

1. 核心检测技术发展难以满足快速发展的装备建设需要

缺少系统策划、前沿牵引和持续投入,核心检测技术一直处于盲目跟踪和被动应用的状态,难以满足快速发展的装备建设需要。与装备"探索一代""预研一代"和"装备一代"的装备发展思路及"成熟应用一代、先行发展一代、超前探索一代"军用材料发展思路完全不匹配,检测技术一直受制于装备生产制造过程和领域"重设计、轻工艺""重性能、轻质量""重生产、轻检测"的思想影响,几乎在各类经费和投入方面均处于被动和边缘的地位。检测技术研究项目投入几乎都是"缺哪补哪""被动发展"和"头痛医头"的状态,缺乏考虑装备后续发展的整体检测理论与技术的预先研究,也缺乏针对武器装备系统性检测技术研发和能力验证,大多是以事故牵引和问题驱动的现象被动满足武器装备科研生产检测设备投入或技术跟踪研究,核心检测技术一直难以匹配武器装备快速发展的需要。新检测技术和方法的工程化应用步伐一直较慢,或由于缺乏针对检测设备的系统验证和测试,或由于没有掌握新检测技术核心而缺乏新检测方法标准,导致大量新检测设备引进后处于试验室应用或闲置状态。由此,新型号涉及的新材料、新结构和新工艺的检测核心技术能力不足,不检测或采用不当方法检测的现象较为普遍,如某重点型号直升机尾桨复合材料结构由于没有核心检测技术支持,一直采用原始敲击法检测,因此未能发现成型不合格的缺陷,造成严重质量事故。

2. 检测技术和手段的匮乏给装备带来重大隐患

检测基础研究偏少、必需的验证试验缺乏、基础数据匮乏,已经成为武器装备研制、设计和在役保障的重大隐患。由于武器装备设计与研制阶段未能高度重视检测技术专业,未能在装备设计、研制、维护和保障过程中系统性预先考虑检测手段,对后续批量化装备部队后的装备综合保障造成了困难。对检测结果可靠性、结构性能测试、力学状态表征和载荷谱参数的系统研究缺乏,尤其检测新技术的系统研究,对武器装备设计制造基于损伤容限设计和结构寿命评估理念难以形成基础数据支持。在新材料、新工艺、新结构研发与创新的检测技术方面,前期研究和基础数据积累不足,支撑材料与工艺研究及结构设计制造、装机应用的检测技术基础数据严重欠缺;相关科研手段和研发能力、技术理念、技术认识等整体上有待提高。另外,由于材料技术基础薄弱、检测可靠性研究不足和装备保障检测基础数据匮乏,我国武器装备关键结构设计缺乏大量检测技术和基础数据的支撑;随着系列型号装备批量化交付部队,由于装备在役无损检测方法缺乏验证,如何在批量化交付后保证在役阶段检测实施的高效、有效和可操作,是我国武器装备综合保障面临的难题。国外一直重视武器装备损伤容限分析和寿命预估与可靠性研究,对各类结构、材料和新产品所采用先进无损与理化检测技术和方法,投入了大量研究、试验和验证,并在此基础上,研究各类缺陷表征、确定缺陷对使用性能的影响、确定适用工程的新无损理化检测方法、建立无损理化检测评价方法与标准,并验证方法有效性和可靠性。然而,由于缺少对以上共性基础技术的系统性研究,我国武器装备检测技术状态已在不同程度上制约了新型武器装备研制生产和综合保障。

3. 新检测技术方法的标准制定严重滞后

新技术研究不足、新方法缺乏验证和新检测方法标准制定严重滞后等,致使检测技术本身成为严重影响武器装备先进设计制造理念实施和后续装备保障的障碍。针对后续装备发展需求的新检测技术研究不足和检测方法验证不够已经成为装备发展的重要障碍之一。例如,在飞机和发动机研发与生产及服役检测技术方面,仍然停留在以手工检测技术为主的初级阶段,对缺陷及其对结构影响的评估方面的技术研究明显滞后和不足。由于长期以来检测技术方法的研究与验证不足,如激光超声、空气耦合超声、中子射线照相和工业 CT 三维成像检测、数字射线检测等应用研究不够,同时我国检测工作大多依靠跟踪、引进国外的先进成熟技术和设备,自主知识产权的技术含量不够,没有形成自主创新能力和持续保障能力,大多局限在对某个具体的检测对象的设备仪器引进和购买,而明显未能从技术深度和广度上去研究解决隐藏在其中的技术问题和科学问题的,造成了长期以来新检测方法标准严重滞后,已经成为影响新检测技术和方法应用的首要障碍。

5.2 质量检测技术框架

5.2.1 框架概述

作为一门相对独立的质量工程技术子学科,质量检测技术具有基础理论、基础技术和应用技术等层次框架。质量检测技术的基础理论主要是指对检测对象特性的认识,包括认识检测对象的理化特性和结构特性。质量检测技术的基础技术是在基础理论上发展起来的无损检测技术、理化检测技术、电子检测技术。质量检测技术的应用技术是指在基础理论与基础技术之上形成的技术能力,包括软件质量检测、元器件质量检测、机械工艺质量检测等应用技术,这些技术可形成质量检测应用能力。质量检测技术的框架如图 5-1 所示。

5.2.2 基础理论

质量检验的方式可以按不同的标志进行分类。按检验的数量划分为全数检验、抽样检验;按质量特性值划分为计数检验、计量检验;按检验技术方法划分为理化检验、感官检验、生物检验;按检验后检验对象的完整性划分为破坏性检验、非破坏性检验;按检验的地点划分为固定检验、流动检验;按检验目的分为生产检验、验收检验、监督检验、验证检验、仲裁检验。质量检测技术为综合工程应用技术,其专业基础理论包含材料科学、应用物理、应用化学、电子、信息等多学科综合技术。

质量检测技术的基础理论主要是指对检测对象特性的认识,包括认识检测对象的理化特性和结构特性,专业基础理论包括物理学、化学、力学、热学、电磁场理论等。

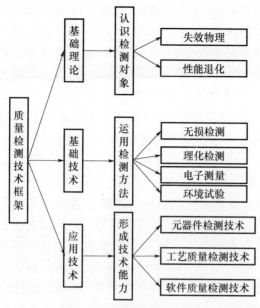

图 5-1　质量检测技术框架

1. 失效物理

失效物理是研究产品在各种应力条件下发生失效的内在原因及其机理的科学,又称可靠性物理。失效物理研究的主要内容包括:观测各种失效现象及其表现形式(失效模式)与促使失效产生的诱因(应力,包括工作应力、环境应力和时间应力)之间的关系和规律;在原子和分子的水平上探讨、阐明与产品材料和结构失效有关的内部物理、化学过程(失效机理);在查清失效机理的基础上,为排除和避免失效、提高电子产品的可靠性提出相应的对策。

最常见的引起失效的物理、化学过程包括扩散(体扩散、表面扩散),晶体结构缺陷(缺位、多余原子、位错等)的迁移和扩展,材料的形变和破坏(弹性形变、塑性形变、蠕变、脆性断裂和延性断裂等),氧化和腐蚀(电腐蚀、化学腐蚀),原子、分子内部结合力的变化,老化(光老化和热老化等),机械磨损等。

失效物理通过调查失效产品和收集失效数据,包括失效时间、失效时产品所处的环境、应力情况或工作条件、失效现象的观察和记录等,鉴定具体的失效模式,对所观测的失效现象进行鉴别分类,明确与其相关的产品部件,进而以相应的形状、大小、位置、颜色、化学组成或金相、机械结构、物理或电性能等形式描述失效特征,科学地表征与失效模式有关的失效现象或效应;根据失效特征,结合材料和结构的性质、制造工艺和产品设计理论以及实践经验,提出可能导致这种失效模式产生的内因和外因,从分子、原子的观点阐明或解释其具体的物理、化学过程;通过有关实验,验证失效机理假设的正确性,若假设不正确,则重新假设另一种失效机理,再予以验证;失效分析结果及时反馈到设计和制造部门,同时提出可能采取的纠正措施。

不同方法只对产品的某一方面失效机理起作用,因此,失效物理的研究和分析需要采用多种分析方法和使用多种仪器设备,为了从同一失效样品取得更多的信息,以便互相补充和证实,更准确地确定样品失效的真正原因,往往需要同时采用几种分析方法。分析方法的选择原则是先进行非破坏性分析,后进行破坏性分析,既要防止掩盖导致失效的迹象或原因,又要防止引进新的非固有的失效因子。

2. 性能退化

产品失效是由产品内在失效机理与产品遭遇的外部环境和工作条件综合作用决定。根据产品失效的形式,可以将其分为突发型失效和退化型失效。产品在贮存或工作过程中的某一时刻,突然完全丧失一直保持或基本保持的所需功能,称为突发型失效,如器件击穿、电路短路、材料断裂等。产品在贮存或工作过程中,表征功能的一个或多个性能参数随时间延长逐渐下降,直至无法正常工作,称为退化型失效,如磨损、老化、腐蚀等引起的失效。失效机理类型的不同对装备可靠性设计、验证、评估的结果不同,突发型失效主要导致随机性失效故障,而退化型失效主要导致与寿命有关的故障。

退化是能够引起产品性能变化的一种物理或化学过程,这一变化随着时间发展最终导致产品失效。若产品在工作或贮存过程中,其功能随时间延长逐渐缓慢下降,直至达到无法正常工作的状态(通常规定一个评判的临界值,即退化失效标准或失效阈值),称此种现象为退化型失效,产品性能参数随测试时间退化的数据称为退化数据。

对机械设备和工程结构中的材料来说,它们在外界载荷的作用下,其寿命一般可分为三个阶段:早期的性能退化阶段(包括物理、化学的老化和退化)、损伤的起始与积累(成孔和开裂)以及最后的失效。其中,损伤的起始与积累已在细观力学、损伤力学以及两者相结合的学科基础上得到了广泛地研究。现在已有众多数据和大量模型来预测循环加载、环境影响下的裂纹扩展直至最后破坏。然而,人们对性能退化及其材料长期行为的影响却知之甚少。尽管由于多种载荷的相互作用以及环境因素的影响,这几个阶段的区分并不明确。但对于设计良好的结构元件来说,常是第一阶段(即早期性能退化)占据了整个寿命的大部分时间。特别地,研究表明:对承受循环载荷的金属结构材料来说,从结构材料内部错群的大量产生、驻留滑移带的形成,再到驻留滑移带内微裂纹的成核、长大,直到宏观裂纹的形成,这一阶段占结构材料整个疲劳寿命的80%~90%。因此,发展材料和结构早期性能退化的监测和预报手段就显得十分重要。

5.2.3 基础技术

质量检测技术是确定产品质量特性量值的程序和方法,是产品质量检验(产品质量特性的符合性评价)的重要手段,其应用对象范围包括:材料、元件和部组件,应用领域包括产品设计开发、研制试验、生产检验、使用维护和维修等领域。其专业方向包括:

1. 无损检测技术

无损检测就是研发和应用技术方法,以不损害被检测对象未来用途和功能的方式,为确定、测量和评价缺陷、评估结构完整性而对产品、零部件以及材料所进行的检测。如超声、射线、渗透、磁粉、涡流、激光、红外、声发射、应力应变及泄露、目视检测等方法。

2. 理化检测技术

理化检测是利用物质的物理及化学特性,采用各种试验和分析方法,对物质的组织、结构、组分及其分布、损伤与失效形式进行分析,并研究其检测方法和提供相关信息的技术科学。如力学性能试验、微观组织结构、化学成分与组分分析,损伤与故障失效分析检测等技术。

3. 电子测量技术

电子测量技术包括:通用电子测试(电信号测试、频谱测试、网络测试)、通信与网络电子信息测试(光纤通信测试、无线通信测试、数字/数据传输测试、通信与计算机网络测试、通信与网络综合测试)、电子设备模块与整机测试技术。

4. 环境试验技术

环境试验是为了保证产品在规定的寿命期间,在预期的使用、运输或贮存的所有环境下,保持功能而进行的活动,是将产品暴露在自然的或人工的环境条件下经受其作用,以评价产品在实际使用、运输和贮存的环境条件下的性能,并分析研究环境因素的影响程度及其作用机理。

5.2.4 应用技术

质量检测技术的专业方向包括软件质量控制、元器件质量控制以及机械工艺质量控制。

软件质量检测是一系列为开发一个高质量的软件产品所应用的流程和方法。其目的是为了获得更高的开发效率,为客户提供符合质量需求的稳定可靠的软件产品。软件质量控制的基本方法有目标问题度量法和风险管理法。目标问题度量法是通过确认软件质量目标并且持续观察这些目标是否达到软件质量控制的一种方法;风险管理法是识别与控制软件开发中对成功达到质量目标危害最大的那些因素的系统性方法。

元器件质量检测是指为达到产品的质量要求对元器件所采取的作业技术和活动,贯穿其选用、试验、采购、检验、电装、调试以及失效分析几个方面,为了保证产品的可靠性,在研制过程中应从元器件的选用、内在质量评价、二次筛选、破坏性物理分析、失效分析、建立元器件质量跟踪及建立元器件质量数据库等环节入手,形成一种闭环控制系统。

工艺质量检测是指在产品机械制造过程中对各个层次的加工、装配阶段进行材料测试、机械零件质量检测、工艺质量验证等的作业技术和活动。

5.3 质量检测基础技术

5.3.1 无损检测

无损检测是在不损害或不影响被检测对象使用性能的前提下,采用射线、超声、红外、电磁等原理技术仪器对材料、零件、设备进行缺陷、化学、物理参数的检测技术。无损检测的原理是利用物质的声、光、磁和电等特性,在不损害或不影响被检测对象使用性能的前提下,检测被检对象中是否存在缺陷或不均匀性,给出缺陷大小、位置、性质和数量等信息。常用的无损检测方法有目视检测(Visual Testing,VT)、射线检测(Radiographic Testing,RT)、超声检测(Ultrasonic Testing,UT)、磁粉检测(Magnetic particle Testing,MT)、渗透检测(Penetrant Testing,PT)、涡流检测(Eddy Current Testing,ECT)、声发射(Acoustic emission,AE)、超声波衍射时差法(Time Of Flight Diffraction,TOFD)等。

与破坏性检测相比,无损检测有以下特点:

(1)具有非破坏性。因为它在做检测时不会损害被检测对象的使用性能。

(2)具有全面性。由于检测是非破坏性,因此必要时可对被检测对象进行100%的全面检测,这是破坏性检测办不到的。

(3)具有全程性。破坏性检测一般只适用于对原材料进行检测,如机械工程中普遍采用的拉伸、压缩、弯曲等,破坏性检测都是针对制造用原材料进行的,对于产成品和在用品,除非不准备让其继续服役,否则是不能进行破坏性检测的,而无损检测因不损坏被检测对象的使用性能,所以,它不仅可对制造用原材料、各中间工艺环节,直至最终产成品进行全程检测,也可对服役中的设备进行检测。

无损检测方法很多,据美国国家宇航局调研分析,认为可分为六大类约70余种。但在实际应用中比较常见的有以下几种:

1. 目视检测(VT)

目视检测在国内实施的比较少,但在国际上是非常重视的无损检测第一阶段的首要方法。按照国际惯例,目视检测要先做,以确认不会影响后面的检验,再接着做四大常规检验。例如 BINDT 的 PCN 认证,就有专门的 VT1、VT2、VT3 级考核,更有专门的持证要求。VT 常常用于目视检查焊缝,焊缝本身有工艺评定标准,都是可以通过目测和直接测量尺寸来做初步检验,发现咬边等不合格的外观缺陷,就要先打磨或者修整,之后才做其他深入的仪器检测。例如焊接件表面和铸件表面 VT 做的比较多,而锻件就很少,并且其检查标准是基本相符的。

2. 射线照相法(RT)

射线照相法是指用 X 射线或 γ 射线穿透试件,以胶片作为记录信息的器材的无损检测方法,该方法是最基本的、应用最广泛的一种非破坏性检验方法。射线能穿透肉眼无法穿透的物质使胶片感光,当 X 射线或 γ 射线照射胶片时,与普通光线一样,能使胶片乳剂层中的卤化银产生潜影,由于不同密度的物质对射线的吸收系数不同,照射到胶片各处的射线强度也就会产生差异,由此便可根据暗室处理后的底片各处黑度差来判别缺陷。总的来说,RT 的定性更准确,有可供长期保存的直观图像,总体成本相对较高,而且射线对人体有害,检验速度会较慢。

3. 超声波检测(UT)

通过超声波与试件相互作用,就反射、透射和散射的波进行研究,对试件进行宏观缺陷检测、几何特性测量、组织结构和力学性能变化的检测和表征,进而对其特定应用性进行评价的技术。适用于金属、非金属和复合材料等多种试件的无损检测;可对较大厚度范围内的试件内部缺陷进行检测。如对金属材料,可检测厚度为 1～2mm 的薄壁管材和板材,也可检测几米长的钢锻件;而且缺陷定位较准确,对面积型缺陷的检出率较高;灵敏度高,可检测试件内部尺寸很小的缺陷;并且检测成本低、速度快,设备轻便,对人体及环境无害,现场使用较方便。但其对具有复杂形状或不规则外形的试件进行超声检测有困难,并且缺陷的位置、取向和形状以及材质和晶粒度都对检测结果有一定影响,检测结果也无直接见证记录。

4. 磁粉检测(MT)

铁磁性材料和工件被磁化后,由于不连续性的存在,使工件表面和近表面的磁力线发生局部畸变而产生漏磁场,吸附施加在工件表面的磁粉,形成在合适光照下目视可见的磁痕,从而显示出不连续性的位置、形状和大小。磁粉探伤适用于检测铁磁性材料表面和近表面尺寸很小、间隙极窄(如可检测出长 0.1mm、宽为微米级的裂纹)目视难以看出的不连续性;也可对原材料、半成品、成品工件和在役的零部件检测,还可对板材、型材、管材、棒材、焊接件、铸钢件及锻钢件进行检测,可发现裂纹、夹杂、发纹、白点、折叠、冷隔和疏松等缺陷。

但磁粉检测不能检测奥氏体不锈钢材料和用奥氏体不锈钢焊条焊接的焊缝,也不能检测铜、铝、镁、钛等非磁性材料。对于表面浅的划伤、埋藏较深的孔洞和与工件表面夹角小于20°的分层和折叠难以发现。

5. 渗透检测(PT)

零件表面被施涂含有荧光染料或着色染料的渗透剂后,在毛细管作用下,经过一段时间,渗透液可以渗透进表面开口缺陷中;经去除零件表面多余的渗透液后,再在零件表面施涂显像剂,同样,在毛细管的作用下,显像剂将吸引缺陷中保留的渗透液,渗透液回渗到显像剂中,在一定的光源下(紫外线光或白光),缺陷处的渗透液痕迹被显示(黄绿色荧光或鲜艳红色),从而探测出缺陷的形貌及分布状态。

渗透检测可检测各种材料,金属、非金属材料,磁性、非磁性材料,焊接、锻造、轧制等加工方式,具有较高的灵敏度(可发现0.1μm宽缺陷),同时显示直观、操作方便、检测费用低。但它只能检出表面开口的缺陷,不适于检查多孔性疏松材料制成的工件和表面粗糙的工件,只能检出缺陷的表面分布,难以确定缺陷的实际深度,因而很难对缺陷做出定量评价,检出结果受操作者的影响也较大。

6. 涡流检测(ECT)

将通有交流电的线圈置于待测的金属板上或套在待测的金属管外,这时线圈内及其附近将产生交变磁场,使试件中产生呈旋涡状的感应交变电流,称为涡流。涡流的分布和大小,除与线圈的形状和尺寸、交流电流的大小和频率等有关外,还取决于试件的电导率、磁导率、形状和尺寸、与线圈的距离以及表面有无裂纹缺陷等。因而,在保持其他因素相对不变的条件下,用一探测线圈测量涡流所引起的磁场变化,可推知试件中涡流的大小和相位变化,进而获得有关电导率、缺陷、材质状况和其他物理量(如形状、尺寸等)的变化或缺陷存在等信息。但由于涡流是交变电流,具有集肤效应,所检测到的信息仅能反映试件表面或近表面处的情况。

按试件的形状和检测目的的不同,可采用不同形式的线圈,通常有穿过式、探头式和插入式线圈三种。穿过式线圈用来检测管材、棒材和线材,它的内径略大于被检物件,使用时使被检物体以一定的速度在线圈内通过,可发现裂纹、夹杂、凹坑等缺陷。探头式线圈适用于对试件进行局部探测。应用时线圈置于金属板、管或其他零件上,可检查飞机起落架撑杆内筒和涡轮发动机叶片的疲劳裂纹等。插入式线圈也称内部探头,放在管子或零件的孔内用来作内壁检测,可用于检查各种管道内壁的腐蚀程度等。为了提高检测灵敏度,探头式和插入式线圈大多装有磁芯。涡流法主要用于生产线上的金属管、棒、线的快速检测以及大批量零件如轴承钢球、汽门等的探伤(这时除涡流仪器外尚须配备自动装卸和传送的机械装置）、材质分选和硬度测量，也可用来测量镀层和涂膜的厚度。涡流检测时线圈不需与被测物直接接触，可进行高速检测，易于实现自动化，但不适用于形状复杂的零件，而且只能检测导电材料的表面和近表面缺陷，检测结果也易于受到材料本身及其他因素的干扰。

7. 声发射（AE）

通过接收和分析材料的声发射信号来评定材料性能和结构完整性的无损检测方法。材料中因裂缝扩展、塑性变形或相变等引起应变能快速释放而产生的应力波现象称为声发射。1950 年联邦德国 J. 凯泽对金属中的声发射现象进行了系统的研究。1964 年美国首先将声发射检测技术应用于火箭发动机壳体的质量检验并取得成功。此后，声发射检测方法获得迅速发展。这是一种新增的无损检测方法，通过材料内部的裂纹扩张等发出的声音进行检测。主要用于检测在用设备、器件的缺陷及缺陷发展情况，以判断其良好性。

声发射技术的应用已较广泛。可以用声发射鉴定不同程度范围变形的类型，研究断裂过程并区分断裂方式，检测出小于 0.01mm 长的裂纹扩展，研究应力腐蚀断裂和氢脆，检测马氏体相变，评价表面化学热处理渗层的脆性，以及监视焊后裂纹产生和扩展等。在工业生产中，声发射技术已用于压力容器、锅炉、管道和火箭发动机壳体等大型构件的水压检验，评定缺陷的危险性等级，作出实时报警。在生产过程中，用 PXWAE 声发射技术可以连续监视高压容器、核反应堆容器和海底采油装置等构件的完整性。声发射技术还应用于测量固体火箭发动机火药的燃烧速度和研究燃烧过程，检测渗漏，研究岩石的断裂，监视矿井的崩塌，并预报矿井的安全性。

8. 超声波衍射时差法（TOFD）

TOFD 技术于 20 世纪 70 年代由位于英国哈威尔的国家无损检测中心的 Silk 博士首先提出，其原理源于 silk 博士对裂纹尖端衍射信号的研究。在同一时期我国中科院也检测出了裂纹尖端衍射信号，发展出一套裂纹测量的工艺方法，但并未发展成为现在通行的 TOFD 检测技术。TOFD 技术首先是一种检测方法，但能满足这种检测方法要求的仪器却迟迟未能问世。TOFD 要求探头接收微弱的衍射波时达到足够的信噪比，仪器可全程记录 A 扫波形，形成 D 扫描图谱，并且可用解三角形的方法将 A 扫时间值换算成深度值。而同一时期工业探伤的技术水平没能达到可满足这些技术要求的水平。直到 20 世纪 90 年代，计算机技术的发展使得数字化超声探伤仪发展成熟后，研制便携、成本可接受的 TOFD 检测仪才成为可能。TOFD 是一种依靠从待检试件内部结构（主要是指缺陷）的"端角"和"端点"处得到的衍射能量来检测缺陷的方法，用于缺陷的检测、定量和定位。

5.3.2　理化检测技术

理化检测是利用物质的物理及化学特性,采用各种试验和分析方法,对物质的组织、结构、组分及其分布、损伤与失效形式进行分析,并研究其检测方法和提供相关信息的技术科学。如力学性能试验、微观组织结构、化学成分与组分分析、损伤与故障失效分析检测等技术。

1. 力学性能测试

力学性能测试技术是通过不同试验测定被检测对象的各种力学性能判据(指标)的实验技术。材料的力学性能是指材料在不同环境(温度、介质、湿度)下,承受各种外加载荷(拉伸、压缩、弯曲、扭转、冲击、交变应力等)时所表现出的力学特征,一般来说金属的力学性能包括脆性、强度、塑性、硬度、韧性、疲劳强度、弹性、延展性、刚性、屈服点或屈服应力等。

2. 物理性能测试

物理性能测试是对包括密度(体密度、面密度、线密度)、黏度(黏度系数)、粒度、熔点、沸点、凝固点、燃点、闪点、热传导性能(比热、热导率、线胀系数)、电传导性能(电阻率、电导率、电阻温度系数)、磁性能(磁感应强度、磁场强度、矫顽力、铁损)等物理性能的测试。

3. 化学分析

利用物质的化学反应为基础的分析,称为化学分析,又称为经典分析。化学分析是绝对定量的,根据样品的量、反应产物的量或所消耗试剂的量及反应的化学计量关系,通过计算得待测组分的量。

化学分析根据其操作方法的不同,可将其分为滴定分析(titrimetry)和重量分析(gravimetry)。而近年来国内已形成了另一种分析概念,国内称为"微谱分析"技术。

(1)滴定分析:根据滴定所消耗标准溶液的浓度和体积以及被测物质与标准溶液所进行的化学反应计量关系,求出被测物质的含量,这种分析被称为滴定分析,也叫容量分析(volumetry)。利用溶液四大平衡:酸碱(电离)平衡、氧化还原平衡、络合(配位)平衡、沉淀溶解平衡。

(2)重量分析:根据物质的化学性质,选择合适的化学反应,将被测组分转化为一种组成固定的沉淀或气体形式,通过钝化、干燥、灼烧或吸收剂的吸收等一系列的处理后,精确称量,求出被测组分的含量,这种分析称为重量分析。

4. 金相显微分析

金相分析是金属材料试验研究的重要手段之一,采用定量金相学原理,由二维金相试样磨面或薄膜的金相显微组织的测量和计算来确定合金组织的三维空间形貌,从而建立合金成分、组织和性能间的定量关系。将计算机应用于图像处理,具有精度高、速度快等优点,可以大大提高工作效率。金相显微分析法就是利用金相显微镜来观察为之分析而专门制备的金相样品,通过放大几十倍到上千倍来研究材料组织的方法。现代金相显微分析的主要仪器为光学显微镜和电子显微镜两大类。

在用金相显微镜来检验和分析材料的显微组织时,需将所分析的材料制备成一定尺寸的试样,并经磨制、抛光与腐蚀工序,才能进行材料的组织观察和研究工作。金相样品的制备过程一般包括如下步骤:取样、镶嵌、粗磨、细磨、抛光和腐蚀。

5. 微观结构分析

微观结构分析主要分析材料的微观晶体结构,即材料由哪几种晶体组成,晶体的晶胞尺寸如何,各种晶体的相对含量多少等。结构分析常用的方法有XRD 法、TEM 法、TG 法、DTA 法、红外法等。

6. 材料性能测试

材料性能测试是指对材料在一定环境条件作用下所表现出的上述特性的测试,又称材料性能试验。材料性能试验测出的性能数据不仅取决于材料本身,还与试验的条件有关。

材料的性能可分为两类,一种是特征性能,属于材料本身固有的性质,包括热学性能(热容、热导率、熔化热、热膨胀、熔沸点等)、力学性能(弹性模量、拉伸强度、抗冲强度、屈服强度、耐疲劳强度等)、电学性能(电导率、电阻率、介电性能、击穿电压等)、磁学性能(顺磁性、反磁性、铁磁性)、光学性能(光的反射、折射、吸收、透射以及发光、荧光等性质)、化学性能(即材料参与化学反应的活泼性和能力,如耐腐蚀性、催化性能、离子交换性能等)。另一种是功能物性,指在一定条件和一定限度内对材料施加某种作用时,通过材料将这种作用转化为另一形式功能的性质,包括热—电转换性能(热敏电阻、红外探测等)、光—热转换性能(如将太阳光转变为热的平板型集热器)、光 —电转换性能(太阳能电池)、力—电转换性能、磁—光转换性能、电—光转换性能、声—光转换性能等。

7. 材料结构与成分分析

材料结构与成分分析指通过精密测试仪器,对材料的组织结构、化学成分、表面及微区的形貌、力学性质及物化性能进行分析。

5.3.3 电子测量技术

电子测量技术包括:通用电子测试(电信号测试、频谱测试、网络测试)、通信与网络电子信息测试(光纤通信测试、无线通信测试、数字/数据传输测试、通信与计算机网络测试、通信与网络综合测试)、电子设备模块与整机测试技术。

广义的电子测量是指利用电子技术进行的测量。非电量的测量属于广义电子测量的内容,可以通过传感器将非电量变换为电量后进行测量。狭义的电子测量是指对电子技术中各种电参量所进行的测量。狭义的电子测量的内容主要包括:

（1）能量的测量。能量的测量指的是对电流、电压、功率、电场强度等参量的测量。

（2）电路参数的测量。电路参数的测量指的是对电阻、电感、电容、阻抗、品质因数、损耗率等参量的测量。

（3）信号特性的测量。信号特性的测量指的是对频率、周期、时间、相位、调制系数、失真度等参量的测量。

（4）电子设备性能的测量。电子设备性能的测量指的是对通频带、选择性、放大倍数、衰减量、灵敏度、信噪比等参量的测量。

（5）特性曲线的测量。特性曲线的测量指的是对幅频特性、相频特性、器件特性等特性曲线的测量。

上述各种参量中,频率、时间、电压、相位、阻抗等是基本参量,其他的为派生参量,基本参量的测量是派生参量测量的基础。电压测量是最基本、最重要的测量内容。

5.4 软件质量检测

随着软件在系统中的应用范围越来越广,功能越来越强大,软件已经成为系统中必不可少的一部分。由于对软件性能要求的进一步提高,软件的复杂程度日益提升,这就造成了软件可靠性的下降和质量控制难度的提升。软件引起的故障占系统故障的百分比越来越大。海湾战争期间,有一次爱国者导弹未能成功的拦截飞毛腿导弹,最终导致 28 名英军死亡,最终查明的原因是其跟踪软件在连续运行 100h 之后出现了一个 0.36s 的舍入误差。我国在试验电传操纵飞机时,曾经由于飞行员抖动操作杆,导致数据溢出,操作系统锁死舵面,最终导致飞机坠毁。由以上可以看出,软件可靠性对系统可靠性和质量的影响是非常巨大的,软件的质量极大地影响了系统的质量。

5.4.1 软件质量内涵

要进行软件质量检测,首先要明确软件质量包括的内容及其定义。在GB/T 11457—2006 中将软件质量定义为:软件产品中能满足给定需要的性质和特性的总体,例如,符合需求规格说明;软件具有所期望的各种属性的组合程度;顾客和用户觉得软件满足其综合期望的程度;确定软件在使用中将满足顾客预期要求的程度。由此可见,软件质量的内涵十分丰富,涵盖了软件的各个方面。如图 5-2 所示,软件质量主要包括以下几个方面:功能性(适合性、准确性、互操作性、安全保密性、功能性的依从性)、可靠性(成熟性、容错性、易恢复性、可靠性的依从性)、易用性(易理解性、易学性、易操作性、吸引性、易用性的依从性)、效率(时间特性、资源利用性、效率的依从性)、维护性(易分析性、易改变性、稳定性、易测试性、维护性的依从性)、可移植性(适应性、易安装性、共存性、易替换性、可移植性的依从性)。而实际中,不同使用人员对软件质量的要求也有所不同,比如开发人员要开发符合合同要求的软件,并且希望软件易于维护;而产品经理希望能够遵循预先选定的标准和开发流程等。

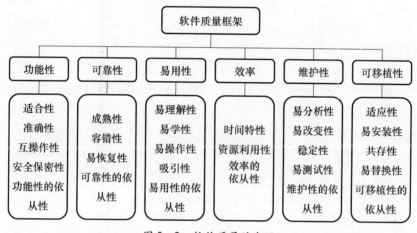

图 5-2 软件质量的内涵

软件质量问题,尤其是可靠性问题是由于开发人员在开发过程中产生了错误,错误成为产品中的故障,在运行时,某种条件下触发了故障,使用户经历了故障。因此提高软件产品的质量和可靠性,通常使用的方法有:缺陷预防(通过错误阻断或错误源的消除防止缺陷的引入)、缺陷减少(通过故障检测和排除减少缺陷)、缺陷遏制(即进行失效预防和遏制)、缺陷度量(便于缺陷管理)。缺陷预防活动主要集中在开发的早期阶段,缺陷消除活动主要集中在编码和测试阶段,但是有些技术可应用在早期阶段,缺陷遏制主要是在使用阶段。作为软件开发过程中的重要活动,软件的质量检测主要是致力于缺陷的消除。缺陷的检测和排除主要包括静态测试和动态测试两种。

综上所述,软件质量评价技术则是指对软件产品质量特性的检验与检查。通常,软件质量的评价过程包括:确立评价需求、规定评价、设计评价和执行评价。软件质量评价可分为定性评价和定量评价,其评价标准不同:

定性评价是从用户角度和开发人员角度出发,即要求达到需求、界面友好、简单易学、良结构、易测试、易维护、可移植等。

定量评价是从软件度量的角度出发,包括软件复杂性度量及软件可靠性度量。

软件质量测试的宏观标准为良好的软件结构、文档齐全及可靠性。

5.4.2 软件测试技术

软件测试(Software Testing)是指在规定的条件下对程序进行操作,以发现程序错误,衡量软件品质,并对其是否能满足设计要求进行评估的过程。软件测试的主要工作内容是验证(Verification)和确认(Validation)。其中,验证是保证软件正确地实现了一些特定功能的一系列活动,确认是一系列的活动和过程,目的是想证实在一个给定的外部环境中软件的逻辑正确性。

软件测试应该尽早进行,最好在需求阶段就开始介入,因为最严重的错误不外乎是系统不能满足用户的需求。程序员应该避免检查自己的程序,软件测试应该由第三方来负责。设计测试用例时应考虑到合法的输入和不合法的输入以及各种边界条件,特殊情况下不要制造极端状态和意外状态。应该充分注意测试中的群集现象。对测试结果要进行严格的确认,一般由 A 测试出来的错误,一定要由 B 来确认。严重的错误可以召开评审会议进行讨论和分析,是否真的存在这个问题以及严重程度等。制定严格的测试计划,并且要有指导性。测试时间安排尽量宽松,不要希望在极短的时间内完成一个高水平的测试。妥善保存测试计划、测试用例、出错统计和最终分析报告,为维护提供方便。

1. 软件测试建模技术

软件测试常用的模型分为 V 模型、W 模型、X 模型以及 H 模型,如图 5 – 3 所示。

V 模型中的过程从左到右,描述了基本的开发过程和测试行为,非常明确地标明了测试过程中存在的不同级别,并且清楚地描述了这些测试阶段和开发过程期间各阶段的对应关系。V 模型"V"的左边包括需求分析、概要设计、详细设计和编码。"V"的右边表示测试执行阶段,包括单元测试集成测试、系统测试以及验收测试。V 模型存在的问题主要是软件测试执行在编码实现之后才进行,容易导致需求阶段隐藏的错误一直到最后验收测试时才被发现,发现和解决这些错误的代价较大。据估计,在分析设计阶段产生的错误,如果在编码结束后的测试过程才被发现,其代价约为在分析设计阶段发现和解决错误的代价的 10 倍。如果该错误在产品交付使用后才发现和解决 ,则其代价将超过 100 倍。因此,测试工作越早进行,发现和解决错误的代价越小,风险越小。因此为了弥补其不足,在 V 模型的基础上增加需求测试、规格测试和设计测试,形成 W 模型。按照 W 模型的要求,软件开发过程中各个阶段的可交付产品(中间的或者最终的产品)都要进行测试,尽可能使各阶段产生的错误在该阶段得

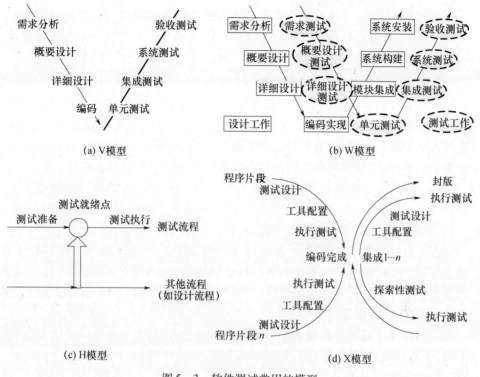

图 5-3 软件测试常用的模型

到发现和解决。W 模型拓展了软件测试过程中的被测试对象,由此软件测试贯穿于软件定义与设计开发的整个过程。

前置测试是一个将测试和开发紧密结合的模型,前置测试模型将开发和测试的生命周期整合在一起,标识了项目生命周期从开始到结束之间的关键活动。如果其中有些活动没有得到很好的执行,那么项目成功的可能性就会因此而有所降低。它的基本思想包括:①对开发过程每一个可交付产品进行测试;②验收测试和技术测试相互独立;③测试和开发紧密结合。

X 模型的左边描述的是针对单独程序片段所进行的相互分离的编码和测试,此后将进行频繁的交接,通过集成最终成为可执行的程序,然后再对这些可执行程序进行测试。已通过集成测试的成品可以进行确认并提交给用户,也可以作为更大规模和范围内集成的一部分。多根并行的曲线表示变更可以在各个部分发生。X 模型还定位了探索性测试,这是不进行事先计划的特殊类型的测试,这一方式往往能帮助有经验的测试人员在测试计划之外发现更多的软件错误。

H 模型兼顾效率和灵活性,可以被应用到各种规模、各种类型的软件项目上。H 模型中,软件测试过程活动完全独立,贯穿于整个产品的周期,某个测试点准备就绪时,就可以从测试准备阶段进行到测试执行阶段。软件测试可以尽早地进行,并且可以根据被测物的不同而分层次进行。H 模型代表着一种适应性更广的软件测试流程。

2. 软件静态测试技术

软件静态测试技术是不要求在计算机上实际执行所测试的软件而进行的测试。静态测试主要以一些人工的模拟技术对软件进行分析和测试,静态测试有时也称静态白盒测试,它包括各种对需求规约、分析和设计规约、代码及开发过程中的各种文档的检查、静态结构分析等。软件静态测试技术包括:

(1) 软件人工审查技术。人工审查技术是一类通过人脑进行的软件静态测试技术,它是软件测试技术中覆盖测试对象最全面的一类技术,可以对软件文档、软件源程序甚至程序的数据进行检查。

(2) 软件静态分析技术。通过自动化测试工具来实现的静态测试技术。静态分析主要针对程序的源代码进行检查。通过词法分析、语法分析、控制流、数据流分析等技术对程序代码进行扫描,验证代码是否满足规范性、安全性、可靠性、可维护性等指标。

(3) 软件可靠性分析技术。是在软件设计过程中,对可能发生的失效进行分析,采取必要的措施避免引起失效的缺陷引入软件,常用的方法包括软件FMEA 和软件 FTA 等。

静态测试可以是由人工进行,充分发挥人的逻辑思维优势,也可以借助软件工具自动进行。据此,静态测试可以分为评审和工具支持的静态测试技术。相对于动态测试而言,静态测试成本更低、效率更高,更重要的是可以在软件开发生命周期早期阶段通过静态测试技术发现软件的缺陷。静态测试技术是一种非常有效的重要测试技术。

3. 软件动态测试技术

软件动态测试技术(Moment Testing)是指通过运行软件来检验软件的动态行为和运行结果的正确性。根据动态测试在软件开发过程中所处的阶段和作用,动态测试可分为以下几个步骤:

(1) 单元测试。最微小规模的测试,以测试某个功能或代码块,典型地由程序员而非测试员来做。

(2) 集成测试。指一个应用系统的各个部件的联合测试,以决定它们能否在一起共同工作而没有冲突,是单元测试的逻辑扩展。

(3) 系统测试。是基于系统整体需求说明书的黑盒类测试,应覆盖系统所有联合的部件。系统测试是针对整个产品系统进行的测试,目的是验证系统是否满足了需求规格的定义,找出与需求规格不相符或与之矛盾的地方。

(4) 验收测试。是指系统开发生命周期方法论的一个阶段,这时相关的用户或独立测试人员根据测试计划和结果对系统进行测试和接收。

（5）回归测试。指在发生修改之后重新测试先前的测试以保证修改的正确性。

动态测试技术有两类常用的测试技术：白盒测试和黑盒测试。

白盒测试也称结构测试、基于程序的测试或逻辑驱动测试，它是按照程序内部的结构测试程序，通过测试来检测产品内部动作是否按照设计规格说明书的规定正常进行，检验程序中的每条通路是否都能按预定要求正确工作。这一方法是把测试对象看作一个打开的盒子，测试人员依据程序内部逻辑结构相关信息，设计或选择测试用例，对程序所有逻辑路径进行测试，通过在不同点检查程序的状态，确定实际的状态是否与预期的状态一致。利用白盒测试技术进行动态测试时，除了要验证软件的功能特性之外，还特别需要测试软件产品的内部结构和处理过程。白盒测试主要包括：

（1）逻辑覆盖测试（Logic – coverage Testing）是以程序内部的逻辑结构为基础设计测试数据的方法。根据对程序内部逻辑结构的覆盖程度，逻辑覆盖法具有不同的覆盖标准：语句覆盖、判定覆盖、条件覆盖、判定/条件覆盖、条件组合覆盖和修正条件判定覆盖、路径覆盖。

（2）语句覆盖（Statement Coverage）的含义是：设计足够多的测试数据，使被测程序中的每条可执行语句至少执行一次。语句覆盖也称为点覆盖。

（3）判定覆盖（Decision Coverage）的含义是：设计足够多的测试数据，使被测程序中的每个判定取得每种可能的结果，即覆盖每个判定的所有分支。所以判定覆盖也称为分支覆盖。显然，若是实现了判定覆盖，则必然实现语句覆盖。故判定覆盖是一种强于语句覆盖的覆盖标准。

（4）判定/条件覆盖。既然实现了判定覆盖不一定能够实现条件覆盖，而实现了条件覆盖也不一定能实现判定覆盖，故可设计更高的逻辑覆盖标准将两者兼顾起来，这就是判定/条件覆盖。判定/条件覆盖的含义是，设计足够多的测试数据，使被测程序中的每个条件取到各种可能的结果，且每个判定取到各种可能的结果；若实现了判定/条件覆盖，则必然实现了判定覆盖和条件覆盖。

黑盒测试也称功能测试，它是通过测试来检测每个功能是否都能正常使用。在测试中，把程序看作一个不能打开的黑盒子，在完全不考虑程序内部结构和内部特性的情况下，在程序接口进行测试，它只检查程序功能是否按照需求规格说明书的规定正常使用，程序是否能适当地接收输入数据而产生正确的输出信息。黑盒测试着眼于程序外部结构，不考虑内部逻辑结构，主要针对软件界面和软件功能进行测试。

黑盒测试涉及的技术：测试用例设计技术、测试数据施加及结果获取技术、测试结果分析技术。黑盒测试是以用户的角度，从输入数据与输出数据的对应关系出发进行测试的，如果外部特性本身设计有问题或规格说明的规定有误，用黑盒测试方法是发现不了的。黑盒测试行为必须能够加以量化，才能真正保证软件质量，而测试用例就是将测试行为具体量化的方法之一。具体的黑盒测试用例设计方法包括等价类划分法、边界值分析法、错误推测法、因果图法、判定表驱动法、正交试验设计法、功能图法、场景法等。

（1）功能分析方法以软件需求规格说明书为依据，分析系统的预期行为或具有的功能，把系统具有的功能一个接一个地列出来（每个功能称为一个功能点），针对每个功能点及其相关的功能点设计测试用例。

（2）等价类划分法是把程序的输入划分成若干部分，然后从每个部分中选取少数代表性数据当作测试用例。等价类是指某个输入域的子集合，其中各个输入数据对于揭露程序中的错误都是等效的。等价类又分为有效等价类和无效等价类。有效等价类是指对于程序的规格说明来说，是合理的，有意义的输入数据集合。无效等价类是指对于程序的规格说明来说，是不合理的，无意义的输入数据集合。

（3）边界值分析法是如果输入条件规定了取值范围，则可选择正好等于边界值，刚刚在边界范围内或刚刚超越边界外的值作为测试数据。

（4）猜错法是根据经验，确定容易发现错误的输入数据。例如异常输入数据。

（5）判定表是分析和表达多个逻辑条件下执行不同操作情况的工具。由于判定可以把复杂的逻辑关系和多种条件组合的情况表达的既具体又明确，因此在程序设计发展的初期，判定表就已被当作编写程序的辅助工具了。在所有的黑盒测试方法中，基于判定表的测试是最为严格、最具有逻辑性的测试方法。实际上是把所有输入条件的组合情况列出，检查对应输出是否正确。

5.4.3　软件开发过程质量评价

错误、故障是导致软件失效、不可靠、不正确的根本原因。软件在需求和设计阶编码阶段的故障居多，这些初级的错误遗留到最后，都是造成软件在使用阶段不可靠的重大隐患，而这些阶段的故障改正费用又最少。因此在软件开发的过程中引入了避错设计原理，从源头就避免错误的引入，达到预防的效果。从源头保证软件的正确性和可靠性。

所以软件开发过程的质量评价也可以从避错设计的原理出发对软件的开发过程进行评价，检查软件开发过程对这些原则的符合程度，作为软件整体质量的评价指标之一。在软件开发过程中可以从以下几个方面对软件开发过程质量进行评价。

（1）对需求是否足够分解和细化,程序的复杂度是否足够低,程序设计是否易于理解,语句是否简单清晰等。

（2）在需求分析、设计和编码时,是否使用统一的建模方法、描述编写方法、统一的编程风格,特别是变量命名和变量注样是否遵循统一规则。

（3）对输入输出,特别是超出输入范围的情况是否有分类考虑,对其它可能出现的异常情况是否有设计。条件语句应成对出现的是否成对出现(if…else…)。

（4）软件在形式上和层次上是否保持层次分明。

（5）函数树是否发生逆向调用。应当避免。

（6）程序在逻辑上是否容易证明。

（7）在需求分析中,给出系统应当做什么的同时,是否有给出系统不应当做什么。例如动态资源的占有,关键信息资源的使用权限等。

这些评价的指标主要针对软件开发过程中对缺陷的预防措施的实施情况。作为对软件质量的评价标准之一具有深刻意义。

5.5 元器件质量检测

元器件是通信、计算机及网络、数字音视频等系统和终端产品发展的基础,从全球范围看,世界发达国家纷纷将高端电子元器件作为国家发展战略的重要组成部分,并制定相关政策,推动高端电子元器件行业发展。因此,元器件质量的高低很大程度上影响了系统以及终端产品的性能,元器件的质量检测水平显得格外重要。常见的元器件质量检测技术包括:质量一致性检验、一次筛选技术、二次筛选技术、破坏性物理分析技术、失效分析技术等。

5.5.1 质量一致性检验

质量一致性检验(Quality Conformance Inspection):元器件质量一致性检验是按国际电工委员会电子元器件质量评定体系(IECQ)试用标准的规定,开展对电子元器件产品质量认证所进行的鉴定批准程序中的一种检验方式。电子元器件质量一致性检验包括逐批检验技术、周期检验技术。

电子元器件逐批检验技术:逐批检验是对每个提交的检验批的产品批质量,通过全检或抽检,判断其生产批是否符合规定要求而进行的一种检验。其主要内容包括:检验批的构成与抽样要求;逐批检验项目和方法方式;抽样检验方案的选择和确定;逐批检验结果判定及处置。

1. 检验批的构成与抽样要求

批的构成:在逐批检验中,检验批是一组依据一个或多个样本而确定是否接收的单位产品的集合。它不一定等于生产批、购置批或者为其它目的而组成的批。通常每个检验批应由同型号、同等级、同种类、同尺寸、同结构且生产时间和生产条件大体相同的产品组成。

2. 抽样的随机性和代表性

从提交检验批的产品中,抽样应是随机的,应使提交检验批中每单位产品被抽到的可能性都相等。且应注意样本的代表性,当提交检验批分若干层(或分装于若干箱等)时,就应分层(或分箱、分袋)抽取样本。

3. 逐批检验项目和方法方式

逐批检验主要项目:

(1)外观检验;

(2)尺寸检验;

(3)电特性检验;

(4)可焊性;

(5)其他检验。

4. 检验方法方式

对具体元器件产品,按照其详细规范,分规范,总规范,基础规范及相关标准中规定的检查方法进行检验。逐批检验按检验方式可分为全数检验和抽样检验,全数检验即对一批待检产品进行100%的检验,抽样检验是根据预先确定的抽样方案,从一批产品中随机抽取一部分样品进行检验。在电子元器件产品逐批检验过程中,广泛使用的常为抽样检验。

5. 抽样检验方案的选择和确定

逐批检验分A组和B组。电子器件的抽样检验方案,A组选择可接受质量水平(Acceptable Quality Level,AQL)方案或批量允许的次品百分数(Lot Tolerance Percent Defective,LTPD)方案,B组选择LTPD方案。电子元件(电阻器、电容器、电感器)的抽样检验方案,A组、B组均选择AQL方案。其中AQL为接收质量限,LTPD为批允许不合格品率。

6. 逐批检验结果判定及处理

(1)对AQL抽样方案,以一次抽样正常检查水平Ⅱ级为例,根据对样本实施的检验结果,若样本n中的不合格品数d小于或等于合格判定数Ac,即:$d \leqslant Ac$时,判该检验批合格;若d大于或等于拒收判定数,即$d \geqslant Re$时,则判该检验批不合格。

在产品标准规定的检验周期内,周期检验合格的情况下,经逐批检验合格的产品,可作为合格产品交付给订货方;对初次检验不合格的批,一般退回制造部门进行全数检查,剔除不合格品后,再重新提交逐批检验,对再次提交检验的批,使用的抽样方案的严酷度和检验项目,应在产品技术标准中或合同中明确规定,对再次提交检验仍不合格的批,除非有特别规定,一般不允许再次提交检验。

（2）对 LTPD 抽样方案,第一次抽样时选定一个合格判定数,并根据规定的 LTPD 值确定相应的样品量 n 进行检验,如果样品中出现的不合格品数 d 不超过预先选定的合格判定数 C,即:$d \leqslant C$ 则判该批产品检验合格;如果出现的不合格品数超过预选的合格判定数,即:$d > C$ 时可确定一个追加样品量,即在原有的样品的基础上追加一定的样品量,但每一检验分组只能追加一次,且追加的样品应经受该分组所包括的全部试验。总的样品量（最初的加上追加的样品量）应根据 GB 4589.1—2006 中新选定的合格判定数确定,如果总的不合格数（最初样品加上追加样品中的不合格数）不超过新确定的合格判定数,则判该检验批合格,否则判该检验批不合格。不符合 A 组和 B 组检验要求的检验批,不得作为合格批。如果对此不合格批未被重新提交检验,则该批判为拒收批。

5.5.2　元器件周期检验技术

从逐批检验合格的某个批或若干批中抽取样本,并施加各种应力的各项试验,然后检测产品判断其是否符合规定要求的一种检验。其主要内容包括:周期规定、检验分组和样品;检验项目和程序;周期检验缺陷分类和失效判据;周期检验结果判定和处置。

1. 周期规定、检验分组和样品

检验周期规定:根据产品的特性及生产过程质量稳定的情况,再综合考虑其他的因素,适当地规定检验周期。产品标准中一般都给出了该产品在正常稳定生产情况下进行周期检验的时间间隔（如三个月,六个月,一年等）,但对不同的检验组,规定不同的检验周期。

2. 检验分组与样品

电子元器件周期检验分为 C 组和 D 组,C 组为环境试验,D 组为耐久性寿命试验。周期检验的样品,应根据产品标准中规定的抽样方案和检查水平及规定的样品数,从本周期内经逐批检验合格的一个批或几个批中随机抽取,加倍或二次试验的样品在抽样时一次取足。

3. 检验项目程序

常温性能检查:试验前在正常工作的条件下,对被试样品进行定性和定量检查,判断产品质量是否全面符合产品技术标准和国家标准要求,或符合订货合同的规定。由于电子产品种类多,用途广,表征产品特性的技术参数很多,常温性能检测时,应严格按照技术标准规定,进行全部指标或部分指标检测,检测合格的产品方可进行周期检验项目中的其他项目的试验。

环境试验:为了评价在规定周期生产批的产品的环境适应能力,将经过性能检测合格的产品,在人工模拟的环境条件下试验,以此评价产品在实际使用、运输和贮存环境条件下的性能是否满足产品定型鉴定检验时达到的环境适应能力。

环境试验包括高温负荷贮存试验、低温负荷贮存试验、高低温变化试验、交变湿热和恒定湿热试验、低气压试验、振动试验、冲击碰撞、跌落、加速度试验、盐雾试验等。由于电子产品使用环境不一样,在周期环境试验中,规定的环境试验项目可能是单项试验,也可能是组合或综合试验。

4. 周期检验结果判定和处置

(1) 在一个周期试验组中发现一个致命缺陷,则判该试验组不合格。

(2) 若在试验样品中发现的不合格品数小于或等于合格判定数,则判该试验组合格。若试验中的不合格品数大于或等于不合格判定数,则判该试验组不合格。

(3) 本周期内,所有试验分组都合格,则本周期检验合格。否则就判该周期检验不合格。周期检验不合格,该产品暂停逐批检验。已生产的产品和已交付的产品由供需双方协商解决,并将处理经过记录在案。周期检验不合格,供方应立即查明原因,采取措施。需方在供方采取改进措施后,在重新提交的产品中抽样,对不合格试验项目或试验分组重新试验,直至试验合格后,供方才能恢复正常生产和逐批试验。

元器件质量一致性检验结果是通过逐批检验结果和周期检验结果是否合格来判定的。逐批与周期检验结果合格,可认为该元器件的鉴定批准得以维持。但如果检验不合格,即没有通过质量一致性检验,或没有正确地执行标准规范要求和IECQ的程序规则时,则鉴定批准应予暂停或撤销。

总而言之,逐批检验的抽样检验方式在元器件产品生产检验中广泛采用,正确掌握和使用抽样检验技术,对生产实际过程的产品质量控制有很直接明显的作用。周期检验对产品的质量在模拟的环境条件下进行试验检查。产品标准规定了各种试验项目和所采用的试验方法及检测技术,从而为产品质量一致性和稳定性提供保证。通过由逐批检验和周期检验所构成的质量一致性检验,能客观全面地反映产品在生产过程中和各种不同使用环境条件下的质量状况,从而达到在生产过程中控制产品质量并在规定的周期内,保证产品质量保持在鉴定批准时达到的质量水平。

5.5.3　筛选技术

筛选就是对元器件进行的老练筛选试验,即对生产的元器件(一般要求100%进行)在经过一定的环境老练试验(如高温老练试验)后,测量其功能状况,剔除失效产品,可见筛选的目的是剔除早期失效。

筛选又可分为一次筛选和二次筛选,一次筛选是在元器件出厂前由生产方进行的,二次筛选是在元器件采购后或上机前由使用方进行的。二次筛选,并不是机械地再来一次,而是针对生产方筛选的不足或缺项加以补充和完善。常用二次筛选项目表见表 5 - 1。

表 5 - 1　常用二次筛选项目表

筛选项目	筛选效果和作用
温度循环	利用极端高温和极端低温间的热胀冷缩应力,能有效地剔除有热性能缺陷的产品。元器件常用的筛选条件是 -55 ~ +125℃,循环 5 ~ 10 次。
振动试验	模拟运输过程和自然条件中的振动、冲击环境对产品的影响,通过试验确定薄弱环节或产品性能,按严酷程度依次为随机振动、扫频振动、定频振动。
高温筛选	电子元器件失效大多数是由于各种物理化学变化所引起,温度升高加快化学反应速度,加速失效过程,因此,高温筛选能有效地剔除表面沾污、键合不良、氧化层有缺陷等失效机理的器件,通常高温贮存 24 ~ 168 小时。
老炼	有效暴露元器件体内和表面的多种潜在缺陷,针对不同元器件要适当选择老炼应力,可以等于或高于额定条件,但不能引入新的失效机理。
热冲击	热冲击用于考核元器件对周围环境温度急剧变化的适应性,可以发现产品的设计和工艺缺陷,剔除产品的早期故障。
加速度	加速度试验又称恒定应力加速试验,利用高速旋转产生的离心力作用于器件上,剔除键合强度过弱、内引线匹配不良和装架不良的器件。
低温	主要考核元器件在低温条件下储存和使用的适应性,进而剔除工艺和材料上的缺陷,提高出货产品合格率。
复合环境	同时或交替采用多种环境应力进行元器件筛选,能有效激发复杂机理的失效模式,提高筛选效率。

1. 二次筛选的适用范围

(1) 元器件生产方未进行"一次筛选",或使用方对"一次筛选"的项目和应力不具体了解;

(2) 元器件生产方已进行了"一次筛选",但"一次筛选"的项目或应力还不能满足使用方对元器件质量要求时;

(3) 在元器件的规范中未做具体规定,元器件生产方也不具备删选条件的特殊筛选项目;

(4) 对元器件生产方是否已按合同或规范的要求进行"一次筛选"或对承制方"一次筛选"的有效性有疑问而需要进行验证的元器件。

2. 二次筛选的项目

元器件二次筛选项目和应力是由主机用户的使用要求决定的,筛选条件既不宜过松也不宜过严,以满足主机用户使用要求为准。若筛选项目和要求过于宽松,会造成部分不能满足主机用户要求的元器件安装于主机产品,给主机产品质量造成影响;若筛选项目和要求过于严格,会大量增加元器件采购成本,甚至因筛选条件的苛刻而造成对元器件的损伤或损坏,增加元器件的潜在隐患。因此,必须明确筛选项目与元器件缺陷的关系,选择适合的筛选项目和要求进行筛选测试,以提供满足主机用户需要的可靠电子元器件。

3. 二次筛选的方法

元器件的筛选试验包括常规筛选和特殊环境筛选,每种筛选方法又包括很多针对一定失效模式的试验方法,有些方法有很高的失效模式提出率,但仍无法做到完全保障。在已有的筛选标准与规范中,均特殊规定了筛选项目的失效率(PDA)超过某一标准值的时候,该批次元器件均不予使用。这说明某些筛选方法也不能完全满足失效率的检验,还需要进一步研发更科学、合理、可靠的筛选方法。

4. 二次筛选的原则

元器件本身所具有的可靠性,是在元器件设计时按用户要求通过技术、原材料来实现的。在生产过程中设施和生产力水平、制造技术都能限制元器件的可靠性。在二次筛选的过程中不能提高元器件的固有可靠性,只能在已有元器件中挑选可靠性相对较高且能够满足需求的高质量产品。在对元器件进行二次筛选时,应遵循以下原则:一是对交付的元器件进行100%全部筛选,不做抽样检验,这样才能最大限度保证所有元器件都经过隐患排除;二是根据元器件的不同使用要求和用途有选择、有针对性的筛选;三是采用多种控制方式确保元器件的质量和可靠性;四是严格按照标准控制元器件失效率;五是适度选择试验方法和器具,以免因筛选试验造成元器件损伤或损毁。

5.5.4 破坏性物理分析技术

破坏性物理分析(Destructive Physical Analysis,DPA)是指为验证电子元器件(以下简称元器件)的设计、结构、材料、制造的质量和工艺情况是否满足预订用途或有关规范的要求,以及是否满足元器件规定的可靠性和保障性,对元器件样品进行解剖,以及在解剖前后进行一系列检验和分析的全过程。DPA 分析是顺应电子系统对元器件可靠性要求越来越高的需求而发展起来的一种本着提高元器件质量,保障整个电子系统的可靠性为目的重要技术手段。

1. DPA 的目的

(1)以预防失效为目的,防止有明显或潜在缺陷的元器件装机使用;

(2)确定元器件生产方法在设计及制造过程中存在的偏离和工艺缺陷;

(3)提出批次处理意见和改进措施;

(4)检验、验证供货方元器件的质量。

2. DPA 分析的特点

DPA 分析一般是在元器件经过检验、筛选和质量一致性检验后进行的以分析其内部存在的缺陷,这些缺陷的存在可能会导致样品的失效或不稳定,所以说 DPA 分析的过程是一种对潜在缺陷确认和潜在缺陷危害性分析的过程。与以上其他分析技术相比,DPA 分析的不同在于 DPA 分析一般只对未丧失功能的元器件才进行 DPA 分析试验,是一种对元器件进行的事前预计,而检验、筛选和质量一致性检验是以发现缺陷为目的的,当发现缺陷时,就可剔除失效产品或判定生产方没有生产该元器件的能力和资格,有时为了更加详尽的考察产品的质量水平 DPA 分析也用于质量一致性检验。

3. DPA 的主要工作项目

DPA 的主要工作项目包括:外部目检,X 射线检查,颗粒碰撞噪声检测,密封性检测,内部气体成分分析,开帽内部目检,键合强度试验,芯片剪切试验,扫描电子显微镜检查。各项 DPA 检测项目能发现的潜在缺陷如表 5-2 所列。

表 5-2 各 DPA 检测项目能发现的潜在缺陷

序号	检测项目	可以预防的失效模式
1	外部目检	封装和镀层不符合要求,密封缺陷
2	X 射线检查	结构错误;多余物;装配工艺不良
3	颗粒碰撞噪声检测	可动颗粒引起的随机短路
4	密封性检测	不良环境气氛引起的电性能不稳定;内部腐蚀开路
5	内部气体成分分析	内部水汽含量过高引起电性能不稳定;内部腐蚀开路
6	开帽内部目检	加工工艺缺陷引起的引线开路
7	键合强度试验	键合强度缺陷引起的引线开路
8	扫描电子显微镜检查	氧化层台阶处电迁移引起的开路
9	芯片剪切试验	芯片脱离管座引起的开路,黏接不良等

5.5.5 失效分析技术

失效分析技术(Failure Analysis)是通过对产品开发、生产、可靠性试验以及工程等阶段失效的元器件开展深入分析和研究,从电性能、物理、化学等多方面查找器件失效的深层原因,确定元器件的失效模式、失效机理,提出纠正措施,防止失效重复出现的方法。失效分析既要从本质上研究元器件自身的不可靠性因素,又要分析研究其工作条件、环境应力和时间等因素对器件发生失效所产生的影响。

1. 失效分析技术有如下作用

(1)确定引起失效的责任方(用应力—强度模型说明);

（2）确定失效原因；

（3）为实施整改措施提供确凿的证据。

2. 失效分析的一般程序

（1）收集失效现场数据；

（2）电测并确定失效模式；

（3）非破坏检查；

（4）打开封装；

（5）镜检；

（6）通电并进行失效定位；

（7）对失效部位进行物理化学分析,确定失效机理；

（8）综合分析,确定失效原因,提出纠正措施。

3. 失效分析的适用范围

（1）对关键的、重要的以及多次出现失效而未找到原因的元器件应进行失效分析,提交专门的失效分析机构或主管部门认可的失效分析机构进行,以便了解元器件失效机理,采取有效措施；

（2）对一般元器件的失效也应组织有关人员进行分析和试验,找出原因,并采取纠正措施。

4. 元器件失效分析常用的方法

（1）元器件外观检查；

（2）元器件解剖前电性能检查、密封性试验、PIND；

（3）元器件显微镜观察照相；

（4）解剖元器件；

（5）元器件解剖后电性能检查。

5.6 工艺质量检测

5.6.1 原材料检测技术

原材料测试技术是指为获得原材料的组成、结构与性能等信息所采用的检测方法。它一方面受到新材料研制需求的牵引,另一方面也受到高精尖仪器发展的推动。传统的材料性能测试与评价,往往从单一指标出发,考核条件为静态或标准状态,如力学性能中的强度、伸长率,物理性能中的弹性、热膨胀、磁性等。原材料分析检测技术包括 X 射线衍射分析、扩展 X 射线吸收精细结构谱分析、透射电子显微分析、扫描电子显微镜和电子探针分析、扫描隧道显微分析和原子力显微分析、光电子能谱分析、俄歇电子能谱分析、原子光谱分析、分子光谱分析、拉曼光谱分析、核磁共振谱分析、电子自旋共振波谱分析、穆斯堡尔谱分析、热分析等。

5.6.2 加工精度检测技术

机械加工精度是指零件加工后的实际几何参数(尺寸、形状和表面间的相互位置)与理想几何参数的符合程度,符合程度越高,加工精度就越高。在机械加工过程中,由于各种因素的影响,使得加工出的零件,不可能与理想的要求完全符合。零件的加工精度包含三方面的内容:尺寸精度、形状精度和位置精度。通常形状公差应限制在位置公差之内,而位置误差一般也应限制在尺寸公差之内。当尺寸精度要求高时,相应的位置精度、形状精度也要求高。但形状精度要求高时,相应的位置精度和尺寸精度有时不一定要求高,这要根据零件的功能要求来决定。加工精度检测是对机械零件长度、角度、粗糙度、几何形状和相互位置等尺寸的测量。在传统的生产模式中,最常见的检验方法是人工用卡板、塞规等量具判断零件是否合格,检查人员进行抽检和终检,实现质量检测。

在现代机械制造加工过程中,可以利用数控机床实现在线的几何尺寸检测。首先要在计算机辅助编程系统上自动生成检测主程序,将检测主程序由通信接口传输给数控机床,通过跳步指令,使测头按程序规定路径运动,当测球接触工件时发出触发信号,通过测头与数控系统的专用接口将触发信号传到转换器,并将触发信号转换后传给机床的控制系统,该点的坐标被记录下来。信号被接收后,机床停止运动,测量点的坐标通过通信接口传回计算机,然后进行下一个测量动作。上位机通过监测 CNC 系统返回的测量值,可对系统测量结果进行计算补偿及可视化等各项数据处理工作。

数控加工的在线检测技术是在加工机床上加装相应的测头系统,完成加工前测量、加工循环中监测以及加工后检测等多种自动检测功能,实现数控机床工件坐标系自动调整、在线质量监控和在线检测,并通过误差补偿技术,修正系统的检测误差的一类技术。数控加工过程中,很多时间被工件装夹、找正和工件尺寸测量所消耗。而利用测头系统可以在机床上快速、准确的测量出工件的位置,并将测量结果反馈到数控系统中,修正机床的工件坐标系。如具备五轴功能,通过测头系统还可自动找正工件基准面,自动完成基面调整,工件坐标系设定等工作,从而简化工装夹具,节省夹具费用,缩短辅助加工时间,提高机床的利用率。

采用零件加工尺寸在线测量方法具有以下两方面的优点:取代了人工测量产生误差的环节,消除了工件重复定位误差的来源,为实现高精度的加工提供了保障;由于省去了零件拆卸、运输、重新安装、找零点等过程,加工效率得到明显提高。虽然,在线测量的测量结果尚不能作为零件的最终检验结果,但作为零件的自检和中间工序的检验是完全可靠的。合理利用机床上的测量仪器,借助精密机床高精度导轨的联动功能,以机床作为测量装置的载体,对机床测量系统进行必要的开发,就能实现加工过程零件几何尺寸和形位误差的检测,即零件尺寸在线测量。并能给出零件尺寸误差统计数据,再通过数控程序实现加工尺寸误差补偿,修正加工工艺参数。这不仅提高精密零件的加工质量和加工效率,同时对推进加工测量一体化技术的发展具有重要意义。

在数控机床上按照测头与工件是否接触可以分为接触式测量和非接触式测量。测头测量时与被测工件表面接触的为接触式测量,否则为非接触式测量。由于表面粗糙度及其他因素对测微测头的影响,在未来相当长时间内,采用触觉测量装置仍将是与零件相联系的最精确的测量方式。接触式测头分为硬测头和软测头两类。硬测头主要用于手动测量和精度要求不高的场合,而软测头是目前三坐标测量机和数控机床在线检测系统普遍使用的测量头。软测头主要有三维测微测头和触发式测头两种。其中触发式测头具有造价低、容许超程量大、结构坚固、工作安全性高、抗干扰能力强、在机床环境中耐用和可靠性好等优点,在实际检测过程中得到了普遍应用。

在机床上使用测头进行在线检测,可方便工件的安装调整,大大缩短辅助时间,提高生产效率;在线检测可在加工过程中进行尺寸测量,可根据测量结果自动修改加工程序,改善加工精度,使得数控机床既是加工设备,又兼具测量机的某种功能。非接触式测量工业领域常用到的检测方法及现阶段的技术研究主要有:

1. 激光式

激光具有高强度、高度方向性等优点,对于微位移的测量比较灵敏。

2. 机器视觉

通过图像摄取装置将被摄取目标转换成图像信号,传送给专用的图像处理系统,根据像素分布和亮度、颜色等信息,转变成数字化信号,分析特征,进而根据判别的结果控制现场设备。但是恶劣的加工条件会影响其测量精度和使用寿命,测量装置的高成本以及其较大的结构体积限制了其在机械加工在线测量过程中的应用。

3. 光栅式

光栅尺位移传感器经常应用于机床与现在加工中心以及测量仪器等方面,可用作直线位移或者角位移的检测。可满足新一代运动定位系统对高速高精度位移测量的要求。

4. 超声波式

超声波是一种振动频率高于声波的机械波,方向性好,位于传感器前面的被检测物通过将发射的声波部分地发射回传感器的接收器,从而使传感器检测到被测物。但由于粉尘、切削液、机械振动等多种因素都会对测量精度有影响,尚未在机械加工的在线测量过程中得到广泛应用。

5. 电子式

常用于电容传感器和电感传感器,测量误差为亚微米数量级,多用于车削中间接测量工件直径、圆度、圆柱度。此种检测方法一般用于间接测量,不能直接建立起传感器与工件的关系,其应用也受到了很大限制。

6. 涡流式

在高速旋转机械和往复式运动机械的状态分析和测量中,能够非接触的连续准确地采集到机械振动和位移信号。

但是在实际生产中,工件尺寸、形状对在线检测要求较高,原因在于加工中工件存在热膨胀,这会造成很大的误差。经验表明,在不使用切削液车削加工时,加工中和冷却后工件直径相差有 $10\mu m$ 之多。该项误差很难除去,因此限制了在线检测的使用范围。

5.6.3 在线质量检测技术

在线质量检测的目的不仅是判定产品是否合格,而是还控制生产过程的状态,判断生产工艺是否处于稳定状态,通常是随着制造工艺过程而同时进行在位检测,其检验结果作为一个监控和反映生产过程状态的信号,以便决定是否继续生产还是要对生产过程采取纠正措施。在线质量检测需要给出后续加工的数值和方向,属于边加工边检验的制造方式。在线质量检测设备及方法往往都是专用的,需要结合具体的工艺进行试验、设计、研制专门的测量方法和设备。例如将超声、射线、磁性、表面渗透等无损检测和探伤技术用于热处理等具体工艺过程的在线质量检测。

对于大批量生产的机加工过程的零件尺寸在线质量检测,主要有加工过程中的主动检测、自动线上的自动补调检测和零件的自动检测等技术。加工过程中的主动检测的特点在于,检测和加工在同一工位上进行,能减少系统误差和偶然误差,防止废品出现,是一种理想的检测方式;自动线上的自动补调检测,是在自动线上零件加工后的工位上进行,发出的信号使刀具补偿机构自动调整刀具位置,以补偿刀具磨损量,这种检测是保证大批量生产零件质量的主要手段;零件的自动检验主要用于高精度的关键零件,要求在加工后进行100%的全数检验,以剔除废品、防止废品混入后续工序,或用以进行分组选择装配。

对于多品种、中小批量生产加工过程中的在线质量检验,主要有三坐标测量和制造系统中的自动检测技术。三坐标检测具有适用性强、适用面广、检测快速、结果准确等优点,利用数字化测量手段获取测量数据,然后与虚拟的数字样板进行匹配,检测形状误差、尺寸误差、位置误差等;制造系统中的自动检测技术是指,在制造系统的设计制造中应用各种传感器技术,在工艺过程质量检测技术采用计算机数据采集和控制测量过程,进行自动化测量、数据采集处理和结果打印、输出记录存档等,例如监测过程量的光纤传感器,可检测加工工件表面的粗糙度,进一步扩大了测量领域并且具有更可靠的功能。随着传感技术的迅猛发展,工业自动化检测系统将会得到更大的发展和完善。

参考文献

[1] 张海平. 检测技术基础及应用[M]. 北京:中国电力出版社,2011.

[2] 张朝晖. 检测技术及应用[M]. 北京:中国计量出版社,2011.

[3] 潘炼. 检测技术及工程应用[M]. 武汉:华中科技大学出版社,2011.

[4] 宣卫芳,胥泽奇,肖敏,等. 装备与自然环境试验(基础篇)[M]. 北京:航空工业出版社,2009.

[5] 宣卫芳,等. 装备与自然环境试验(提高篇)[M]. 北京:航空工业出版社,2011.

[6] 向树红. 航天器力学环境试验技术[M]. 北京:中国科学技术出版社,2010.

[7] 张晟,陈玉成. 环境试验优化设计与数据分析[M]. 北京:化学工业出版社,2008.

[8] 章非娟,徐竟成. 环境工程试验[M]. 北京:高等教育出版社,2006.

[9] 汪学华. 自然环境试验技术[M]. 北京:航空工业出版社,2003.

[10] 雷毅,丁刚,鲍华,等. 无损检测技术问答[M]. 北京:中国石化出版社,2013.

[11] 王自明. 无损检测综合知识[M]. 北京:机械工业出版社,2004.

第6章　质量工程技术体系发展展望

　　本章要点:在梳理制造质量强国战略实施方面的技术需求的基础上,从知识管理学原理(知识系统工程与知识进化)的角度,论述质量工程技术体系的发展趋势,明确发展热点及瓶颈,并结合未来航空航天等复杂装备质量工程技术应用需求,提出了关键技术清单和研究重点

6.1　制造质量强国战略的技术需求

6.1.1　"中国制造2025"战略的质量为先需求

　　在2015年5月国务院发布的《中国制造2025》中,将"加强质量品牌建设"作为一项重要战略任务和重点进行了规定,提出了"提升质量控制技术,完善质量管理机制,夯实质量发展基础,优化质量发展环境,努力实现制造业质量大幅提升。鼓励企业追求卓越品质,形成具有自主知识产权的名牌产品,不断提升企业品牌价值和中国制造整体形象的质量为先的国家质量强国战略,具体表现在如下几方面:

　　一是要推广先进质量管理技术和方法。建设重点产品标准符合性认定平台,推动重点产品技术、安全标准全面达到国际先进水平。开展质量标杆和领先企业示范活动,普及卓越绩效、六西格玛、精益生产、质量诊断、质量持续改进等先进生产管理模式和方法。支持企业提高质量在线监测、在线控制和产品全生命周期质量追溯能力。组织开展重点行业工艺优化行动,提升关键工艺过程控制水平。开展质量管理小组、现场改进等群众性质量管理活动示范推广。加强中小企业质量管理,开展质量安全培训、诊断和辅导活动。

　　二是要加快提升产品质量。实施工业产品质量提升行动计划,针对汽车、高档数控机床、轨道交通装备、大型成套技术装备、工程机械、特种设备、关键原材料、基础零部件、电子元器件等重点行业,组织攻克一批长期困扰产品质量提升的关键共性质量技术,加强可靠性设计、试验与验证技术开发应用,推广采用先进成型和加工方法、在线检测装置、智能化生产和物流系统及检测设备等,使重点实物产品的性能稳定性、质量可靠性、环境适应性、使用寿命等指标达到国际同类产品先进水平。在食品、药品、婴童用品、家电等领域实施覆盖产品全生

命周期的质量管理、质量自我声明和质量追溯制度,保障重点消费品质量安全。大力提高国防装备质量可靠性,增强国防装备实战能力。

三是要完善质量监管体系。健全产品质量标准体系、政策规划体系和质量管理法律法规。加强关系民生和安全等重点领域的行业准入与市场退出管理。建立消费品生产经营企业产品事故强制报告制度,健全质量信用信息收集和发布制度,强化企业质量主体责任。将质量违法违规记录作为企业诚信评级的重要内容,建立质量黑名单制度,加大对质量违法和假冒品牌行为的打击和惩处力度。建立区域和行业质量安全预警制度,防范化解产品质量安全风险。严格实施产品"三包"、产品召回等制度。强化监管检查和责任追究,切实保护消费者权益。

四是要夯实质量发展基础。制定和实施与国际先进水平接轨的制造业质量、安全、卫生、环保及节能标准。加强计量科技基础及前沿技术研究,建立一批制造业发展急需的高准确度、高稳定性计量基标准,提升与制造业相关的国家量传溯源能力。加强国家产业计量测试中心建设,构建国家计量科技创新体系。完善检验检测技术保障体系,建设一批高水平的工业产品质量控制和技术评价实验室、产品质量监督检验中心,鼓励建立专业检测技术联盟。完善认证认可管理模式,提高强制性产品认证的有效性,推动自愿性产品认证健康发展,提升管理体系认证水平,稳步推进国际互认。支持行业组织发布自律规范或公约,开展质量信誉承诺活动。

五是要推进制造业品牌建设。引导企业制定品牌管理体系,围绕研发创新、生产制造、质量管理和营销服务全过程,提升内在素质,夯实品牌发展基础。扶持一批品牌培育和运营专业服务机构,开展品牌管理咨询、市场推广等服务。健全集体商标、证明商标注册管理制度。打造一批特色鲜明、竞争力强、市场信誉好的产业集群区域品牌。建设品牌文化,引导企业增强以质量和信誉为核心的品牌意识,树立品牌消费理念,提升品牌附加值和软实力。加速我国品牌价值评价国际化进程,充分发挥各类媒体作用,加大中国品牌宣传推广力度,树立中国制造品牌良好形象。

从上可以看出,国家把质量管理技术和方法的研究及推广放在了优先发展地位,进一步表明质量工程技术体系的持续完善及推广应用是质量强国战略实现的技术和物质基础,它直接影响着后面4项具体任务需求的实现效果。

6.1.2 国产装备质量提升工程技术需求

标准是技术和经验的总结,质量标准是质量工程技术的精华。2016 年 8月,质检总局为落实《中国制造 2025》的部署和要求,切实发挥标准化和质量工作对装备制造业的引领和支撑作用,推进结构性改革尤其是供给侧结构性改革,促进产品产业迈向中高端,建设制造强国、质量强国,会同国家标准委、工业和信息化部共同发布了《装备制造业标准化和质量提升规划》。该规划以提高制造业发展质量和效益为中心,以实施工业基础、智能制造、绿色制造等标准化和质量提升工程为抓手,深化标准化工作改革,坚持标准与产业发展相结合、标准与质量提升相结合、国家标准与行业标准相结合、国内标准与国际标准相结合,不断优化和完善装备制造业标准体系,加强质量宏观管理,完善质量治理体系,提高标准的技术水平和国际化水平,提升我国制造业质量竞争能力,加快培育以技术、标准、品牌、质量、服务为核心的经济发展新优势,支撑构建产业新体系,推动我国从制造大国向制造强国、质量强国转变。具体提出了如下几方面的质量提升需求:

一是提升装备制造业标准化和质量管理创新能力。适应装备制造业发展需要,深化标准化工作改革,强化标准化与科技创新融合,推进军用标准和民用标准兼容发展,培育发展团体标准,创新政府事中事后监管方式,提升质量技术基础服务水平,健全质量发展考核与激励机制,提升企业标准化和质量管理创新能力,塑造"中国制造"品牌形象。

二是实施工业基础标准化和质量提升工程。加快核心基础零部件(元器件)、先进基础工艺、关键基础材料和产业技术基础(以下简称"四基")领域急需标准制定、研究和试验验证,破解装备制造业发展瓶颈和加强薄弱环节为突破口,开展关键基础零部件(元器件)核心共性技术标准研究,配套解决基础材料、基础工艺标准短板;实施工业基础质量提升行动,以汽车、高档数控机床、航空航天装备、海洋工程装备、轨道交通装备、大型成套技术装备、工程机械、特种设备对关键原材料和核心基础零部件的需求为重点,以对质量影响较大的关键工序和特殊工序为突破口,加强可靠性设计,提升试验及生产过程质量控制水平,推进新工艺、新材料、新技术的应用,提高装备质量水平。

三是实施智能制造标准化和质量提升工程。创新智能制造标准化工作机制。针对智能制造标准跨行业、跨专业、跨领域的特点,加强顶层设计,建立智能制造标准化协调推进工作机制。在智能产品、装备、制造技术等方面,建立产学研用协同创新的标准推进联盟,制定满足市场需要的标准,加快智能制造科技成果转化;推动装备智能化和质量提升。选择一批辐射带动力强、发展前景好、具有竞争力优势的企业实施制造过程信息化集成和协同应用、质量检测等方面的技术改造,建设产品质量检测系统和追溯体系。依托重点领域智能工厂、数字化车间的建设以及传统制造业智能转型,突破高档数控机床与工业机器人、增材制造装备、智能传感与控制装备、智能检测与装配装备、智能物流与仓储装备等关键技术装备,实现工程应用和产业化,提升装备制造业智能化水平。

四是实施绿色制造标准化和质量提升工程。完善绿色制造标准体系。制定产品全生命周期标准,指导装备制造业产品设计、制造、使用、回收及再利用等全生命周期的绿色化。重点研究绿色设计、工艺、装备、材料及管理等绿色生产标准,将目前分头设立的环保、节能、节水、循环、低碳、再生、有机等产品统一整合为绿色产品,建立统一的绿色产品标准、认证、标识等体系。加强对绿色制造标准、节能环保产业标准等绿色标准实施情况的监督检查。加强绿色标准检测、认证等服务能力建设,积极推动第三方机构依据法律法规、标准开展绿色标准实施效果评价。

五是发展服务型制造和生产性服务业标准化。加快服务型制造关键技术标准研制。围绕消费品需求,促进装备制造企业开展柔性化生产和个性化定制相关设备和标准的研制,发展故障诊断、维修保养、远程咨询等专业服务,生产更多有创意、品质优、受群众欢迎的产品;加强生产性服务关键技术标准研制。开展基于互联网和大数据的第三方信息技术服务、线上/线下协同服务等技术标准研究,促进制造企业流程再造和模式创新;提升装备制造业服务质量。鼓励企业优化产品设计,加快质量技术创新,开展个性化定制、柔性化生产,增加优质新型产品有效供给,满足不同群体不断升级的多样化消费需求;加快制造服务标准化成果转化与应用。结合产业布局,引导和鼓励各地区、各产业集群,推进制造服务标准化成果转化与应用示范建设,探索建立区域性制造服务标准化"科技研发、转化成果、推广应用"的合作模式,开展服务型制造和生产性服务业标准化试点示范工作。

六是推动重点领域标准化突破,提升装备制造业质量竞争力。围绕实施高端装备创新工程,适应创新进展和市场需求,改进标准制修订流程,提高标准制修订效率,缩短标准制修订周期,及时更新标准,推动新一代信息技术、高档数控机床和机器人、航空航天装备、海洋工程装备及高技术船舶、先进轨道交通装备、节能与新能源汽车、电力装备、农业机械装备、新材料、高性能医疗器械等领域标准化实现新突破,加快装备质量安全标准与国际标准接轨,促进产业升级和产品质量国际竞争力提升。

从上述分析可以看出,国家把质量标准建设和应用推广作为质量提升的重要抓手,进一步表明质量工程技术体系的持续完善及推广应用是开展装备质量提升的技术和物质基础,它直接影响着质量技术标准的先进性和适用性。

6.2 知识管理学原理

6.2.1 知识管理学概念

知识(Knowledge)是经验的固化,是人们在实践中获得的认识和经验的总结,知识是用于解决问题或者决策的经过整理的易于理解和结构化的信息,知识可以分为编码型知识(显性知识)和意会型知识(隐性知识)。

知识管理学是研究知识管理实践和应用中一般理论、方法、技术和规律的一门新兴学科,其核心任务是使更多的隐形知识显性化和有序化。狭义的知识管理学只针对知识本身的管理,包括对知识的创造、获取、加工、存储和应用的管理。而广义的理解不仅包括对知识进行管理,还包括与知识有关的各种资源和无形资产的管理,包括政府知识管理、企业知识管理和个人知识管理在内的综合知识管理,涉及知识组织、知识系统、知识资产、知识活动、知识人员的全方位和全过程的管理。知识管理理论是知识管理实践的指路明灯,知识管理学研究的意义在于用科学的理论指导知识管理实践有效进行。

6.2.2 知识系统工程框架

知识系统工程是从实践来审视知识系统的,知识系统的整体功能是支持知识主体的存在和发展,对国家来说是提高创新能力,增强综合国力,对企业来说是提高企业的竞争力。所以知识系统则是以人为本,以人与组织作为活动主体,强调对技术的应用,知识系统中的主体(人和组织),他们都是具有目的和主动性的。他们通过竞争与合作,以适应剧烈变化的外环境。

由于知识系统的高度复杂性与抽象性,对于系统的研究与分析常有无从下手的困难,我国知识系统工程领域的奠基人王众托院士提出如图6-1所示的轮型知识系统工程框架。

图6-1　知识系统工程框架

如图6-1所示,知识系统的体系结构包括:技术体系结构、人员体系结构、组织体系结构、经营体系结构、文化体系结构等,简要说明如下:

1. 技术体系结构

知识有两种载体:一种是生命载体——人;一种是物质载体,如书籍、期刊、磁性与光学媒体(磁盘、光盘)等。在知识获取、传播、使用与产生过程中,人与人之间、人与物质载体之间以及物质载体彼此之间是要进行知识交换的,技术体系结构指的是这个过程中使用的技术方法与工具体系。这里把所有与处理知识有关的方法与工具都归属于这个技术体系。如果再细分一下,又可以分成两个层次,一是狭义的工具层次,二是方法层次。前者主要指的是信息基础设施,包括硬件和相应的服务软件,后者主要是指如何在信息基础设施上收集、处理、利用知识的方法。

2. 人员体系结构

技术体系只有被人掌握与运用才能发挥知识的价值,人员体系主要包括知识工作者以及相应的数据工作者。知识工作者包括设计师、工程师、建筑师、经济师、律师以及高层主管、领导人员等;数据工作者包括记录员、统计员、会计员等。知识工作者的日常工作是获取知识、加工处理知识和应用知识,有的还要创造新的知识,而世界上的知识总是在不断地更新,需要不断地学习,获取新的信息和知识。

3. 组织体系结构

组织体系是指知识的产生、传播、有效利用的组织原则与形式。知识管理可以具备两种形式:一种是经常性的管理,一种是按项目的管理。经常性管理的组织应该纳入现在已有的组织形式中,如研究开发部,设计处,技术监督部等。按项目管理是为了创新需要而组织专门的课题组、攻关组,项目结束时组织也就自然不存在。知识组织应该是学习型组织。在知识工作中自然形成的实践社群应该是知识运作的主要形式,而像知识中心这样的专门知识管理部门应该及时组建。

4. 经营体系结构

知识经济像物质经济一样,有完整的再生产过程。它的生产、流通、交换、分配和使用的过程需要加以组织。需要建立一定的组织和运行规则,知识产品作为商品进入市场,它的交易与实物产品有些是相同的,有些则有它自己的特点,需要在实践中逐步形成和发展。

(1)知识产品的生产就是知识的创新。知识产品也有价值和价格,也要分析它的成本与售价。

(2)知识的分配就是知识的传播。学校教育、在职教育培训(包括网上教育)是主要的形式,当然也包含个人之间的传播。

(3)知识产品的交换既有与物质产品相同的情况,又有不同的情况,如学术思想的交流就不存在等价交换原则。

（4）知识产品的利用是一个复杂的过程。一般分成两个步骤：一是将基础研究成果转化为应用技术，二是将应用技术转化为生产力。科技的发展使科学和技术逐渐接近，加速了转化过程。

5. 文化体系结构

组织文化体系结构涉及组织内部全体人员的价值观、信念、是非善恶标准与工作习惯等，它一方面受地域、民族、历史等影响，另一方面也是人们长期在适应外界环境、整合内部组织过程中形成的，是组织内部人员在内外交往中共同遵循的行为规范。通过对人这一能动主体的研究，更完满、更充分发挥人的主动性和创造性。先进的科学技术明明是会给组织带来很大效益的，但它的推行有时却遇到很大的阻力或抵制，常常是一种先进的工作方式在某些组织中推行得很顺利，但在另一些企业中却不被接受。造成这些情况的原因都和组织的文化有关。尤其是在创新过程中，没有一个有利于创新的文化环境是很难保持一个团队的创新积极性、主动性和无穷无尽的创造性的。

6.2.3 知识进化与知识创新

1. 知识进化的物质态模型

数据是原始的、不相关的事实。信息是被给予一定的意义和相互联系的事实，数据是形成信息的基础。知识则是对信息的推理、验证，从中得出的系统化的规律、概念或经验，它是言行的基础，智能是知识的外在表现，是通过绩效来反映个人的知识修养。数据、信息、知识和智能关系实际上反映了知识自身形成的机理，可以看作知识进化的物质态模型，其进化模型如图6-2所示。

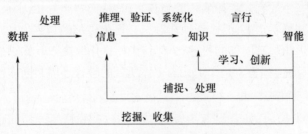

图6-2 知识进化的物质态模型

2. 知识进化的生物态模型

在生物体进化中，基因是生物体遗传的基本单位，存在于细胞染色体中的基因组合即基因组是个体独一无二的根源。生物进化是物种通过尝试与纠错以追索更好的物种，包含新物种的生成和物种的选择两种机制。知识进化与生物体进化具有相类似的形式，生物进化的基本单位是生物个体及其基因，而知识进化的基本单位是个人及其所具有的知识元。知识进化的生物态模型如图6-3所示。

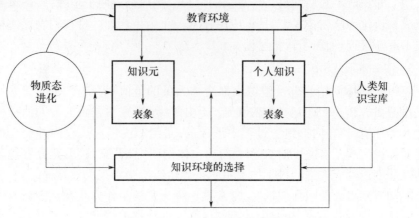

图6-3 知识进化的生物态模型

如图6-3所示,正如生物体的性状由基因决定的一样,个人知识的绝大部分是由知识元决定的。所谓知识元是指构成知识的基本范式,如行为规范、法制、技术标准、科学理论的定义和定理、算法、方法、日常职责等等。知识元在知识进化中的作用犹如基因在生物体进化中所起的作用一样,在一定程度上决定着人的智能或行为,因此智能或行为又是个体知识元构成的反映,犹如生物体性状是基因组或染色体的反映一样。基因是生物体的遗传信息,知识元则是知识的遗传信息,通常通过遗传得以延续。但是,遗传基因可能产生变异或重组,从而产生新物种或新生物体的性状。同样知识元也会产生重组与变异,其结果便是产生新思想、新范式或新的假说。这些新东西只有经过"自然选择"的过程被证明是符合逻辑或客观规律的才成为新知识,从而产生知识创新。生物体的适应能力取决于其外在形态,而这种外在形态又是遗传基因与其生长环境共同作用的产物。知识进化具有同样的机理,个体行为的进化取决于其知识表象(如个性、精神、气质等),而这些表象是知识元与个体所处的教育环境共同作用的产物。

3. 知识创新螺旋模型

人类的知识长河,如若没有更新,就好比一潭死水,毫无生机,只有不断地为其注入新生力量,才能永葆活力,生生不息。因此,持续实现知识创新对知识的增长和进化尤为重要。

一方面,知识的自主性从本质上决定了知识创新必须遵循知识特有的路径与演化方式,这是知识创新实现的内在机制,是不以人的意志为转移的;另一方面,知识的增长必须在知识与人的交互作用中实现,决定了知识的创新又是一个知识主体运用创新立体思维在知识中发现问题、认识问题,寻求新方法、制定新概念、建构新理论,进而解决问题、实现创新的知识过程,知识与知识主体创新能力的结合是知识创新实现的外在机制。

针对知识创新内在机制,日本北陆先端科学技术大学的知识管理学教授野中郁次郎(IkujiroNonaka)从认识论的角度出发,指出新知识可以通过隐性知识和显性知识的交互而创造,在交互作用的过程中,知识的自我生成系统化分为社会化(Socialization,S)、外表化(Externalization,E)、整合(Combination,C)和内在化(Internalization,I)四个子过程,提出了著名的SECI模型,树立了一个知识自我演进的"知识螺旋"。知识创新的螺旋模型如图6-4所示。

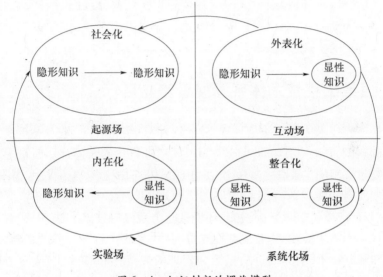

图6-4 知识创新的螺旋模型

(1)社会化。从隐性知识到隐性知识,通过观察、交流、模仿、亲身实践等手段,单个个体可以直接与其他个体共享隐性知识。这是知识个体内化认知背景的系统,包括知识个体间共享隐性知识的过程与知识个体汲取知识群体隐性知识的过程两方面。

(2)外表化。从隐性知识到显性知识,通过隐喻、类比和模型等方式,可将隐性知识用明晰的概念和语言表达出来。这是知识个体将脑海中的新思想、新观念(隐性知识)系统地整理、清楚地表达出来,并使之凝聚和积淀下来,从而为他人所认识与分享的过程,包括个体隐性知识经过表达成为个体显性知识与将个体显性知识经过公开、交流、与其他个体的共享,形成互动争鸣,最终上升为群体显性知识两方面。

(3)整合化。从显性知识到显性知识,这是单个个体能够将不连续的显性知识碎片合并成一个新整体的系统过程。这是知识个体实现将分散的知识群体的显性知识整合创新的过程,包括群体的显性知识沟通、扩散到知识个体的过程——知识个体将其内化整合,重新表达为更复杂、更系统化的显性知识体系,最终于知识群体内公布共享的过程。

（4）内在化。从显性知识到隐性知识,这是随着新的显性知识的共享,其他知识个体开始将其内化,用它来拓宽、延伸和重构自己的隐性知识系统的过程。该过程是得到知识群体承认的新知识,在群体中充分扩散共享,最终为群体内的其他知识个体内化吸收为个体新的隐性知识的过程。

四个创新子过程以知识共享为连接点,相互渗透,相互作用,实现创新的知识进化螺旋,是一个以知识个体内化背景知识为前提,以知识个体与知识群体的互动争鸣为动力,以知识个体充分表达新生知识为条件,以知识群体内化新生知识为终结的实现过程。

6.3 质量工程技术体系发展思路与目标

质量工程技术体系是质量工程实践经验的总结和沉淀,是人类重要的工程技术基础知识,它的进化和研究遵循知识体系进化与创新原理。质量工程技术体系研究与应用的主要任务是:针对制造质量强国战略实施的技术需求,遵循从技术创新到标准规范凝练的知识进化原理,引领装备质量与可靠性技术进步,研究和推广质量、可靠性、检测、环境试验与观测等技术方法,支撑新装备研发的质量工程应用实践,为解决共性质量问题、保证产品质量提供基础数据、共性方法和基础技术,研究改进质量监督管理的规范化和有效性,从而为提高装备质量水平提供有效的技术保障。

按照上述思路,依据围绕书中阐述质量工程技术体系,今后质量工程专业的研究与应用应该遵从"三个面向""三个有利于"考虑:"面向新型装备的质量与可靠性需求、面向国产装备的质量技术监督工作需要、面向质量工程技术的专业发展趋势""有利于重点装备质量与可靠性水平的提高、有利于全行业科研生产中质量与可靠性技术应用能力的增强、有利于质量工程技术体系的形成与完善",可以初步确定未来 5~10 年的关键技术与研究重点即质量工程技术体系发展方向,确定思路如图 6-5 所示。

（1）对于"基础理论"部分,应针对国外装备发展趋势和国内装备新装备制造的质量新需求,对已有质量偏差建模及故障分析等经典理论进行扩展,为研发新的基础技术提供理论支撑。考虑到当前实施质量强国战略过程中紧迫的基础技术和应用技术需求,6.3 节将重点介绍它们的发展方向和重点。

（2）对于"基础技术"部分,应结合重点装备研制,推广普及一批成熟有效的共性技术,形成相应的标准、规范、指南、工具、软件,并瞄准新一代装备研制生产需求,创新研究发展一批新技术。

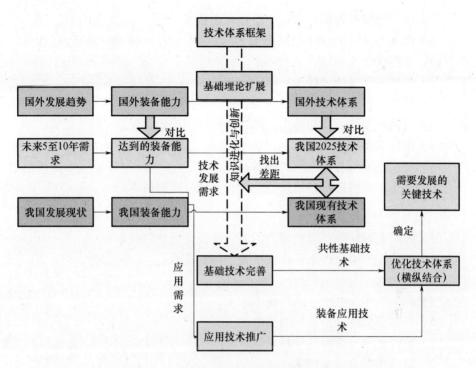

图 6-5 技术体系发展方向与重点确定方法

（3）对于"应用技术"部分，结合各行业、各类装备的研制生产实际，开发"应用技术"解决方案，支持重点装备和重要承制单位，总结提炼质量与可靠性实践，促进全行业质量与可靠性技术应用水平的提高。

（4）补弱增强，依据知识系统工程原理，从技术体系出发，按照横向（以某一项或多项技术方法为主线，以技术的突破、技术的应用、全行业的推广为路线）和纵向（以某一个重点型号或某一类典型装备为主线，以技术的综合集成、质量与可靠性的综合技术方案的实施为路线），论证提出重点方向，为各级单位形成重点科研攻关项目清单提供支撑。

6.4 质量工程技术体系发展方向与重点

6.4.1 发展方向

基于知识进化原理，结合质量工程技术体系发展思路，质量工程技术体系发展方向分如下两类：

1. 成熟共性技术推广方向

（1）FMEA、FTA 等可靠性工具应用技术；

（2）质量与可靠性信息集成与综合利用技术；

（3）性能与可靠性、维修性、测试性、保障性及安全性设计分析、试验评价综合设计与集成技术；

（4）软件可靠性测试技术；

（5）装备全寿命周期可靠性综合验证与评价技术；

（6）机械可靠性设计与分析技术；

（7）虚拟维修技术；

（8）安全性分析与风险评价技术；

（9）装备生产制造阶段质量特性分析验证与控制技术。

2. 创新技术突破

（1）故障机理与随机理论综合的可靠性设计与分析技术；

（2）高可靠长寿命产品可靠性试验与评价技术；

（3）加速贮存寿命试验技术与评估技术；

（4）网络可靠性分析与测评技术；

（5）软件安全性分析与评测技术；

（6）故障预测与健康监控技术（PHM）；

（7）可靠性虚拟试验技术；

（8）维修性虚拟分析与验证技术；

（9）工艺可靠性设计与优化技术；

（10）MEMS/NANO 器件的可靠性设计与分析；

（11）装备设计阶段集成化质量保证技术；

（12）新材料与异形结构质量检测与表征技术。

6.4.2　发展重点

结合质量工程技术体系发展方向及体系，发展重点如表 6－1 所列。

表 6-1 发展重点

专业领域	专业方向	发展重点
质量管理技术	通用基础技术	QFD 技术
		SPC 技术
		试验设计技术
		三次稳健设计
		精益六西格玛技术
		先进的质量管理模式研究
	通用应用技术	面向复杂系统的全寿命周期质量策划技术研究
		武器型号设计阶段集成化质量保证方法与技术研究
		生产线波动偏差流技术
		装配过程建模与优化技术
		小批量过程控制技术
		供应链质量分析与控制技术研究
		试验设计方法的应用研究与推广
		军工产品质量监督机制与方法研究
		型号设计过程质量评价方法研究
		批产阶段质量综合评价方法研究
		质量大数据分析与共享技术
		制造质量风险分析与预警技术
	可靠性	失效机理分析技术
		故障根原因分析技术
		早期故障率建模技术
		制造可靠性退化机理分析技术
		可靠性研制试验技术
		基于故障物理的可靠性预计技术
		强化及加速试验技术
		可靠性评估
		FMECA、可靠性设计准则等可靠性设计分析技术在典型装备、典型产品中的应用研究与推广
		基于失效物理的可靠性设计分析技术
		基于失效机理的机械产品可靠性设计与优化技术
		电子产品热分析热设计
		寿命与耐久性设计与分析技术
		复杂人机环系统可靠性分析评价方法

专业领域	专业方向	发展重点
质量形成技术	可靠性	复杂装备全寿命周期可靠性综合验证与评价技术
		可靠性强化试验技术
		基于失效机理的关键元件和材料寿命预测和评估技术
	维修性	贮存寿命与贮存可靠性加速试验与验证评价技术
		维修性建模技术
		维修性预计技术
		维修性分配技术
		虚拟维修技术
		智能维修系统
		典型复杂系统维修性指标验证技术应用
	测试性	虚拟维修验证与评价技术应用研究
		测试性建模技术
		测试性预计
		PHM 技术
		故障注入技术
		BIT 设计分析技术
		复杂系统测试性设计分析应用研究
		总线测试技术
		TPS 设计分析技术
		典型装备故障预测与健康管理(PHM)技术应用研究
		性能衰退预测与评估技术
	安全性	安全性建模技术
		故障危险分析(FauHA)
		安全性评价与控制
		安全性信息建模与处理
		复杂系统安全性综合分析评价技术
		装备贮存安全性分析评价
		安全性分析评价方法应用指南研究
		安全性验证评价技术
		安全性信息建模与处理技术
	环境适应技术	耐环境设计技术
		电磁兼容建模技术
		各种试验相关性和环境适应性综合评价技术

专业领域	专业方向	发展重点
质量形成技术	保障性	保障性建模
		以可靠性为中心的维修分析技术（RCMA）
		使用与维修任务分析技术（OMTA）
		修理级别分析技术
		保障性评估技术
		计算机辅助保障性分析技术
		计算机辅助修理级别分析技术
	机械可靠性	机械可靠性分析优化技术
		机构可靠性仿真技术
		结构定延寿技术
	工艺可靠性	工艺可靠性建模技术
		工艺可靠性分析技术
		工艺可靠性优化技术
		工艺可靠性控制技术
	软件可信性	软件可靠性建模技术
		预计与分配技术
		软件 FMEA 技术
		软件 FTA 技术
		软件潜通路分析技术
		软件关键路径分析技术
		软件追溯性分析技术
		软件安全性风险分析技术
		软件形式化建模与验证技术
		高可靠软件可靠性验证技术
		嵌入式软件可靠性设计分析技术
	软件可信性	软件可靠性加速测试技术
		机载软件安全性工程技术
		形式化软件安全性验证技术
	网络可靠性	网络可靠性参数体系建立
		网络可靠性建模与仿真技术
		网络可靠性测评剖面模型
		网络可靠性预测技术
		网络可靠性设计工具

专业领域	专业方向	发展重点
质量形成技术	性能与 RMS 综合	性能与 RMS 权衡技术
		性能与 RMS 综合优化技术
		多质量特性决策技术
		经济可承受性建模技术
		经济可承受性评价技术
		质量特性综合设计基础技术和方法
		性能与可靠性综合设计集成环境
		面向经济可承受性的性能与可靠性综合设计技术
		性能与可靠性维修性保障性一体化设计分析技术
		性能与可靠性、维修性、测试性、保障性及安全性设计分析、试验评价综合技术与集成平台研究
质量检测技术	软件质量检测技术	软件静态测试技术
		软件动态测试技术
		软件质量评价技术
		软件测试建模技术
		基于测试的软件质量评价
		面向典型武器装备的软件测试环境开发
		面向对象软件测评技术
		嵌入式软件故障诊断技术
		FPGA 软件测评技术
		网络软件测评技术
		桌面软件测评技术
		嵌入式软件测评及环境构建技术
	元器件检测技术	二次筛选技术
		DPA 技术
		元器件降额设计技术
		元器件高加速应力筛选技术
		高可靠元器件的鉴定与选用技术
	材料、机械零件与工艺质量控制	复合材料质量检测技术
		紧固件无损检测技术
		工艺缺陷检测技术

专业领域	专业方向	发展重点
质量检测技术	无损检测	应力检测技术
		缺陷检测与评价技术
		损伤检测评价技术
		修补检测评价技术
	理化检测	力学性能测试技术
		物理性能测试技术
		化学分析技术
		金相显微分析技术
		微观结构分析技术
	电子测量技术	电信号测试
		频谱测试
		网络测试技术

参考文献

[1] 邱均平,等.论知识管理学的构建[J].中国图书馆学报,2005(3):11-16.

[2] 王众托.知识系统工程与现代科学技术体系[J].上海理工大学学报,2011,33(6):613-630.

[3] 王众托.知识系统工程[M].北京:科学出版社,2003.

[4] 朱祖平.知识进化与知识创新机理研究[J].研究与发展管理,2000,12(6):16-19.

[5] 葛红芳.知识进化与知识管理——知识创新环境建构研究[D].东华大学,2006.

[6] 课题组.国防科技工业技术基础质量与可靠性专业技术体系研究报告[R].国防科技工业可靠性工程技术研究中心,2009.

[7] 课题组.装备质量工程技术发展报告[R].国防科技工业可靠性工程技术研究中心,2011.

[8] 制造质量强国战略研究课题组.制造质量强国战略研究——技术卷[M].中国质检出版社,2016.